AF089654

Kohlhammer

Die Autoren

Prof. Dr. Ulf Kieschke, Dipl.-Psych., forscht und lehrt seit 2013 als Professor für Empirische Bildungsforschung an der PH Ludwigsburg, Arbeitsschwerpunkte: Lehrerprofessionalisierung; Kompetenz- & Gesundheitsentwicklung in beruflichen Handlungsfeldern; Eignungsdiagnostik & -beratung.

Dipl.-Psych. Felicitas Krumrey ist akademische Mitarbeiterin im Bereich Empirische Bildungsforschung an der PH Ludwigsburg und Gesundheitscoach.

Ulf Kieschke
Felicitas Krumrey

Gesundheit und Gesundheitsförderung im Lehrberuf

Verlag W. Kohlhammer

Dieses Werk einschließlich aller seiner Teile ist urheberrechtlich geschützt. Jede Verwendung außerhalb der engen Grenzen des Urheberrechts ist ohne Zustimmung des Verlags unzulässig und strafbar. Das gilt insbesondere für Vervielfältigungen, Übersetzungen, Mikroverfilmungen und für die Einspeicherung und Verarbeitung in elektronischen Systemen.

Die Wiedergabe von Warenbezeichnungen, Handelsnamen und sonstigen Kennzeichen in diesem Buch berechtigt nicht zu der Annahme, dass diese von jedermann frei benutzt werden dürfen. Vielmehr kann es sich auch dann um eingetragene Warenzeichen oder sonstige geschützte Kennzeichen handeln, wenn sie nicht eigens als solche gekennzeichnet sind.

Es konnten nicht alle Rechtsinhaber von Abbildungen ermittelt werden. Sollte dem Verlag gegenüber der Nachweis der Rechtsinhaberschaft geführt werden, wird das branchenübliche Honorar nachträglich gezahlt.

Dieses Werk enthält Hinweise/Links zu externen Websites Dritter, auf deren Inhalt der Verlag keinen Einfluss hat und die der Haftung der jeweiligen Seitenanbieter oder -betreiber unterliegen. Zum Zeitpunkt der Verlinkung wurden die externen Websites auf mögliche Rechtsverstöße überprüft und dabei keine Rechtsverletzung festgestellt. Ohne konkrete Hinweise auf eine solche Rechtsverletzung ist eine permanente inhaltliche Kontrolle der verlinkten Seiten nicht zumutbar. Sollten jedoch Rechtsverletzungen bekannt werden, werden die betroffenen externen Links soweit möglich unverzüglich entfernt.

1. Auflage 2019

Alle Rechte vorbehalten
© W. Kohlhammer GmbH, Stuttgart
Gesamtherstellung: W. Kohlhammer GmbH, Stuttgart

Print:
ISBN 978-3-17-036078-5

E-Book-Formate:
pdf: ISBN 978-3-17-036079-2
epub: ISBN 978-3-17-036080-8
mobi: ISBN 978-3-17-036081-5

Vorwort

Als das Polit-Magazin CICERO im Mai 2018 großformatig mit dem Schriftzug »Der Klassenkampf« titelte, war damit keine publizistische Warnsignal- oder Glückwunschrakete anlässlich des 200. Geburtstages von Karl Marx (1818–1883) gezündet worden. Die »Barrikaden«, zu deren Sturm oder Verteidigung geblasen wurde, waren keine Schanzvorrichtungen, die Revoluzzer »alter Schule« aufgetürmt hätten, sondern eher die klassischen Inhalte und Formen von Schule überhaupt. Thema war folglich das, was vor und hinter der Schul*bank* passiert, und mitnichten das, was in der *Bank* als Geldhaus seinen Anfang oder sein Ende findet. Die Nachrichten waren wie in revolutionären Zeiten üblich mehr schlecht als recht: »Das Niveau an Deutschlands Schulen sinkt rapide, im internationalen Vergleich fallen sie immer weiter zurück« (CICERO, 5, 2018, S. 4). Zumindest in einer Hinsicht konnte entwarnt werden: »Doch das liegt nicht an den Lehrern. Sondern an einer Politik, die Ideologie und Weltverbesserungspläne vor den pädagogischen Erfolg setzt« (ebd.). Diese Klarstellung trifft sich freilich in einem wichtigen Punkt mit der Auffassung derer, die Probleme im Bildungssystem großzügig »inkompetenten« und/oder »ausgebrannten« Lehrkräften ankreiden. Aus beiden Meinungs-Blickwinkeln werden Lehrerinnen und Lehrer als zentrale Akteure im schulischen Bildungsgeschehen betrachtet (selbst wenn sie den »bildungspolitischen Schlamassel« auszubaden haben, den andere ihnen einbrockten). Besagte Akteure stehen auch im Mittelpunkt unseres Textes. Der ist allerdings anders als der CICERO-Artikel nicht als »Bericht von der pädagogischen Front« (ebd., S. 15) abgefasst. Vielmehr soll in aller Nüchternheit (was hoffentlich nicht heißt, in einem langweilenden Tonfall) begutachtet werden, was die Wissenschaft an zentralen Konzepten, empirischen Befunden und Handlungsempfehlungen zum Thema »Lehrergesundheit« beizusteuern hat. Wir sind keineswegs die Ersten und Einzigen, die das versuchen, und werden mit Sicherheit nicht die Letzten sein (das Thema hatte publizistisch in den vergangenen Jahren regelrecht Hochkonjunktur: vgl. z. B. Klusmann & Waschke, 2018; Rothland, 2013; Nieskens & Nieskens, 2017; Heyse, 2011, 2016; Paulus, 2010). Umso dringlicher scheint es geboten, das Büchlein, das wir den erwähnten verdienstvollen Publikationen beigesellen wollen, mit einer erläuternden Kursangabe auf den Weg zu bringen.

Die Schulforschung kennt Schulen vor allem als naheliegende Studienobjekte und weit weniger als wissenschaftsorganisatorische »Denkkollektive«, die ihr Untersuchungsfeld nach bestimmten Argumentationsmustern und unverwechselbaren Prämissen durchpflügen. Von echten Schulen der Schulforschung zu reden, um deren »Oberhäupter« sich dann »Adepten« mehr oder minder weitläufig scharen, wäre schwierig. Sie existieren wohl nicht in der verhältnismäßig klar umrissenen Gestalt der »Frankfurter Schule« der Kritischen Theorie, der »Bielefelder Schule« der deutschen Geschichtswissenschaft oder der »Münsteraner Schule« um den Philosophen Joachim Ritter. Natürlich aber gibt es inhaltliche und methodische Vorzugsperspektiven, die den Angang eines bildungswissenschaftlichen Themas jeweils zentral prägen. Für unser Vorhaben ist eine solche Rahmung durch die Arbeiten gegeben, die wir dem stark persönlichkeitspsychologisch orientierten Forschungsprogramm der Potsdamer Wissenschaftlergruppe um Prof. Uwe Schaarschmidt verdanken. Im Kern ging es dort um berufsbezogene Selbstregulationsstile, die mitsamt diverser Kontextfaktoren hinsichtlich ihrer Relevanz für Gesundheitschancen genauer angeschaut wurden (vgl. Schaarschmidt & Fischer, 2001; Schaarschmidt, 2005; Schaarschmidt & Kieschke, 2007; Schaarschmidt & Fischer, 2016; Schaarschmidt, Kieschke & Fischer, 2017). Die Affinität zu jenem Ansatz hat zum einen biographische Gründe: Der Erstautor des Bandes, in dem Sie gerade blättern, war über zehn Jahre in der Potsdamer Forschergruppe tätig. Sie ist aber auch – wie wir in unserem Text neuerlich zu zeigen hoffen – *sachlich* gut vertäut, im Übrigen nicht zuletzt deswegen, weil sie problemlos zu systemischen Betrachtungsweisen aufschließen kann. Es wird (wenn alles nach Plan der Verfasser läuft) deutlich werden, dass ein persönlichkeitspsychologisch grundierter Zugriff auf das Thema »Lehrergesundheit« alles andere als »einseitig« oder »fatal reduktionistisch« ist. Die Behauptung jedenfalls, die Persönlichkeit einer Lehrkraft spiele weder für gesundheitliche Belange noch für die Unterrichtsqualität eine Rolle, wäre ein guter Test-Kandidat für die Tucholsky-Vermutung, manche Aussagen seien so falsch, dass nicht einmal ihr Gegenteil richtig sein könne (vgl. Tucholsky, 1985, Bd. VI, S. 171). Denn natürlich ließe sich der Diskurs ebenso wenig mit der steilen These kapern, an Personeneigenschaften hänge einfach alles. Persönlichkeit absorbiert, ersetzt oder entwertet längst nicht die Wirkung anderer themeneinschlägiger Faktoren (Fachlichkeit, Didaktik, Strukturmerkmale des Arbeitssettings etc.).

Wie immer gilt: Zum Gelingen des Bandes haben viele beigetragen, zum Misslingen wir alleine. Wir danken ausdrücklich Herrn Prof. Wilfried Schubarth, der den Text angeregt hat, den Mitarbeiter*innen des Kohlhammer-Verlages, die das Projekt konstruktiv begleitet haben, Frau Dr. Simone Wittmann, die bei der Endredaktion des Manuskripts behilflich war und den Mitgliedern des Berliner Montags-Kolloquiums, deren Impulse gern aufgenommen wurden (insbesondere Herrn Dipl.-Psych. Matthias Heyne ist Dank für vielfältige Rückmeldungen und Fingerzeige abzustatten!).

Dieses Buch sei in herzlicher Verbundenheit Uwe Schaarschmidt gewidmet.

Ludwigsburg, im März 2019   *Ulf Kieschke*   *Felicitas Krumrey*

Inhalt

Vorwort		**5**

Einleitung		**11**

1	**Grundkonzepte der Gesundheitsforschung**	**15**
1.1	Was ist Gesundheit?	15
1.2	Zum Begriff der Gesundheitsressource	23
1.3	Gesundheit ist relativ?!	27
1.4	»Stress« im Fokus der Gesundheitsforschung	35

2	**Zur Gesundheitssituation im Lehrerberuf**	**48**
2.1	Anmerkungen zu Strukturbesonderheiten des Tätigkeitsfeldes	48
2.2	Exkurs: Persönlichkeit und Gesundheit	64
2.3	Die Potsdamer Lehrerstudie im Überblick	69

3	**Über Geschlechtsunterschiede im Belastungserleben von Lehrkräften**	**90**
3.1	Zu Geschlechtsdifferenzen in Krankheitsrisiken und Gesundheitschancen	91
3.2	Lehrerinnen und Lehrer im AVEM-Vergleich	95

4	Gesundheitsförderung im Lehramtsstudium	103
4.1	Eignungsberatung für angehende Lehrkräfte	104
4.2	Kompetenz- und Gesundheitstrainings im Lehramt	115

5	Lehrergesundheit als Thema in Schulentwicklungsprozessen	130
5.1	Warum Gesundheit keine rein individuelle Angelegenheit ist. Eine kurze Problemskizze zur Einführung	130
5.2	Führungshandeln als Gesundheitsdeterminante in Schulen	132
5.3	»Denkanstöße!« – ein Unterstützungsprogramm für Kollegium und Leitung (Schaarschmidt & Fischer, 2016)	141

6	Schlussbetrachtungen	150

Literaturverzeichnis	162

Einleitung

Ein kompetenter Mensch ist, wer sich den Regeln gemäß irrt.
P. Valéry, *Schlimme Gedanken und andere* (Werke, Bd. V, S. 465)

Feuerzangenbowlen-Gemütlichkeit stellt sich eher selten ein, wenn vom Lehrerberuf die Rede ist. Es sei denn, dies geschieht auf die charmant-verschmitzte Art, in der Heinz Rühmann als Pfeiffer »mit drei f« dem Publikum des legendären Ufa-Klassikers zuprostete (vgl. zur hochdramatischen Produktionsgeschichte des Films: Ohmann, 2010). Aus Sicht manches Außenstehenden entschädigen Langzeitferien, relative Arbeitsplatzsicherheit bei guter Bezahlung und familienfreundliche Verpflichtungen zur Halbtagspräsenz vor Ort aber allemal für die Härten des Jobs, die keineswegs geleugnet werden (schwierige Schüler in zu großen Klassen; Unterrichtsvor- und -nachbereitungsaufwand etc.). Das Heikle dabei: Solche Einschätzungen verfehlen wichtige Aspekte der Berufspraxis (z. B. den Verwaltungsanteil der Tätigkeit und den Fakt, dass der Ausbau von Ganztagsschulangeboten stetig voranschreitet). Sie verharmlosen zudem eine in vielen wissenschaftlichen Studien offengelegte Problematik. Die Gesundheitssituation im Schuldienst nämlich ist prekärer als in anderen akademischen Arbeitsfeldern. Beschäftigte leiden hier überproportional häufig unter Erschöpfungssymptomen, Unzufriedenheit mit der Berufswahl und Überforderungsgefühlen (einige Studien beziffern die Gruppenstärke akut Betroffener in der Gesamtlehrerschaft auf über 50 %; vgl. Schaarschmidt & Kieschke, 2007). Das lässt nun in mehrfacher Hinsicht aufhorchen. *Erstens* geht es um die Lebensqualität Hunderttausender von Menschen. *Zweitens* sind Gesundheit und berufliche Leistungsfähigkeit fraglos miteinander verknüpft: Einschränkungen im Wohlbefinden Lehrender haben mitunter empirisch greifbare Konsequenzen für Lernende (vgl. z. B. Klusmann, Richter & Lüdtke, 2016; Pakarinen et al., 2010). Guter Unterricht ist auf Dauer jedenfalls nur mit gesunden Lehrerinnen und Lehrern zu bewerkstelligen. Gesundheitsprobleme verursachen *drittens* über den subjektiven Leidensdruck hinaus handfeste objektive Kosten (Stichworte: Kompensation von krankheitsbedingten Unterrichtsausfällen; finanzielle Aufwendungen für medizinische und/oder psychologische Behandlungen, gegebenenfalls gar für eine vorzeitige Pensionierung etc.).

Vor jenem Hintergrund soll unser Buch das Thema Lehrergesundheit detaillierter aufrollen. Wir werden uns zu diesem Zweck einerseits auf Befunde der angewandten Gesundheitspsychologie und zum anderen auf Beiträge aus dem Gebiet Schulentwicklungsforschung stützen. Die Darstellung ist in fünf Großkapitel gegliedert.

Das *erste Kapitel* macht mit basalen Konzepten der Gesundheitsforschung vertraut. Zunächst widmen wir uns der aktuellen Debatte um den Gesundheitsbegriff. Es wird zu betonen sein, dass Einschätzungen psychischen und körperlichen Befindens je nach Perspektive und Bezugssystem durchaus unterschiedlich ausfallen können. So verfügen Mediziner über andere Analyse- und Bewertungsraster als Laien. Noch weitere Punkte sind relevant. Um vorab nur zwei zu nennen:

♦ Diagnosesysteme und Problematisierungstrends wandeln sich im Laufe der Zeit.
♦ Eigene Erwartungen und Vergleiche mit bedeutsamen Bezugspersonen im sozialen Umfeld haben Einfluss auf subjektive Gesundheitsurteile. Derlei »Kalibrierungseffekte« können mit wechselnden Intensitäten bis ins hohe Erwachsenenalter auftreten.

Kurzum, Gesundheit muss als ebenso vielschichtiges wie dynamisches Phänomen verstanden werden. Herauszustellen bleibt ferner, dass Gesundheit nicht lediglich schicksalhaftes Widerfahrnis, sondern zu Teilen eine eigenverantwortlich auszufüllende Gestaltungsaufgabe ist. Statistiken zur Gesundheitssituation in der Gesamtbevölkerung weisen psychische Beeinträchtigungen als prominenten Problembereich aus (vgl. Ellert & Kurth, 2013). Als wichtiger Ursachen- oder doch Symptomverstärkungs-Komplex gilt da (berufliche) Überlastung (»Stress«). Stress spielt zudem eine signifikante Rolle in der Entwicklung *körperlicher* Erkrankungen. Folgerichtig wird das Stresskonzept näher unter die Lupe zu nehmen sein.

Das *zweite Kapitel* bereitet Theorien und Befunde zum Belastungsgeschehen im Schuldienst genauer auf. Ein Schwerpunkt wird in der pointierten Zusammenfassung zentraler Resultate der Potsdamer Lehrerstudie (Schaarschmidt, 2005; Schaarschmidt & Kieschke, 2007) liegen. Kernidee besagter Untersuchung war es, ein differenziertes Bild der Belastungssituation im Tätigkeitssektor Schule zu zeichnen und praxistaugliche Vorschläge zur Optimierung des Arbeitsalltags abzuleiten. Besonderes Augenmerk ruhte auf Persönlichkeitsfaktoren, die einen gesundheitsförderlichen Umgang mit den Anforderungen des Berufes erleichtern. Diese deutschlandweit bisher größte Studie zum Thema schärfte den Blick für zweierlei: dafür, dass Strukturmerkmale des Jobs unterschiedlich belastungsrelevant sind (einige Probleme wiegen *generell* schwerer als andere) und dafür, dass die gesundheitlichen Resonanzeffekte desselben Umweltfaktors zwischen einzelnen Personengruppen bedeutsam abweichen können.

Kapitel 3 erweitert die Diskussion um geschlechtsbezogene Analysen. Zu den konsistentesten Ergebnissen der Belastungsforschung zählt der Befund, dass Frauen über stärkere körperliche und psychische Beeinträchtigungen klagen als Männer. Das zeigt sich nicht zuletzt (und gar mit besonderer Prägnanz!) im Lehrerberuf. Wir wollen möglichen Gründen dafür nachgehen. Geschlechtsbezogene Re-Analysen von Daten aus der Potsdamer Lehrerstudie werden in diesem Zusammenhang einen wichtigen Referenzpunkt bilden.

Liefern die vorgängigen Kapitel Bausteine zu einer *Diagnostik* der Lehrergesundheit, fasst *Kapitel 4* Maßnahmen zum Umgang mit den geschilderten Problemen ins Auge. Die beste Vorbereitung auf spätere Praxis ist bekanntlich: frühe Praxis (optimaler Weise gut angeleitet und selbstkritisch reflektiert). Das hat seine

Berechtigung selbstverständlich auch in Sachen Gesundheitsvorsorge. Wir wollen deshalb an ausgewählten Beispielen verdeutlichen, dass und wie entsprechende Handlungsschritte bereits im *Lehramtsstudium* umsetzbar sind. Speziell Fragen der Eignungsberatung und der Ausrichtung von Stressbewältigungstrainings werden uns beschäftigen. Zumindest streifen wollen wir außerdem ein Kompetenzfeld, das nach unserer Einschätzung immer noch eher stiefmütterlich »beackert« wird: Stimmbildung und Sprecherziehung. Reden gehört schließlich zu den Haupttätigkeiten im Klassenraum. Stimme und sprachlicher Ausdruck sind gewiss nicht alles, aber ohne adäquate Beherrschung jener Wirkregister ist alles nichts. Umso dringlicher erscheint es, diese Instrumente gut zu »warten« und um die Tragweite stimmlicher Effekte zu wissen (z. B. für die Ausstrahlung von Kompetenz und Autorität).

Kapitel 5 verschiebt den Fokus auf Gesundheitsfragen in Schulentwicklungsprozessen. Gesundheitschancen sind nie bloß »Privatsache« der Lehrkraft. Vielmehr werden sie zwischenzeitlich als prominentes Qualitätskriterium von Schule überhaupt gewürdigt. Dahinter steckt die Überzeugung, dass sich Leistungsfähigkeit und die Bereitschaft zur aktiven Mitwirkung im Kollegium langfristig nur sichern lassen, wenn die organisationalen und »schulklimatischen« Voraussetzungen stimmen. Eingedenk dieser Prämisse sollen Möglichkeiten beleuchtet werden, Gesundheit als Aufgabenschwerpunkt in Schulmanagementansätzen nachhaltig zu verankern. Wir wollen uns dem Thema in zwei Schritten nähern. Zuerst sind Gesundheitseffekte schulischen Führungshandelns und ihre Bedeutsamkeit für etwaige Präventions- und Interventionsangebote zu eruieren. Dann möchten wir für systemische Herangehensweisen, wie sie die (arbeits)medizinische und psychologische Berufsforschung vorschlägt, anhand eines konkreten Praxisprojektes werben: des Programms »Denkanstöße!« (Schaarschmidt & Fischer, 2016).

Eine kurze Zusammenfassung der Kernargumente des Bandes und einige Überlegungen zu weiteren Forschungs- und Praxisperspektiven sollen unsere Bestandsaufnahme abrunden.

1

Grundkonzepte der Gesundheitsforschung

1.1 Was ist Gesundheit?

Wer nach Gesundheit fragt, geht buchstäblich aufs Ganze. Immerhin wurzelt der Begriff sprachgeschichtlich im Bedeutungsfeld »vollständig, heil und ganz« (lateinisch: »sanus«, mit dem auch das althochdeutsche Wort »suona« [= Befriedigung, Sättigung] verwandt sein soll, das noch im heutigen »Gesundheit« anklingt)[1].

---

1 vgl. Grimm & Grimm, 1897/1999, Deutsches Wörterbuch, Bd. 5, Sp.4293; Vonessen, 1974, Sp.559

1 Grundkonzepte der Gesundheitsforschung

Von daher hat es eine eigene Plausibilität, wenn im Falle von Unwohlsein und Krankheit mit der Erkundigung nachgehakt wird, was denn *fehle* – und nicht etwa mit der, was dazugekommen sei (z. B. an Symptomen und Beschwerden). Egal jedoch, wie man es dreht und wendet: Die Konzepte »gesund« und »krank« bleiben als Gegensatzpaar zwangsläufig aufeinander bezogen. Sie reihen sich insofern in die lange Tradition dualistisch geprägter Wirklichkeitsbeschreibungen ein (hell – dunkel; gut – schlecht; arm – reich etc.). Dieses Referenzverhältnis ist selbst durch den Einspruch, Gesundheit sei mehr als die bloße Abwesenheit von Krankheit, keineswegs erschüttert oder ausgehebelt. Krankheit wird weiterhin ein Fluchtpunkt jeder Gesundheitsdebatte sein. Die amerikanische Essayistin Susan Sontag hat jene unauflösbare Polarität einmal in das schöne Bild gekleidet, allen Menschen sei eine Art »doppelte Staatsbürgerschaft« verbrieft: eine im Königreich der Gesunden und eine im Königreich der Kranken (vgl. Sontag, 1991, S. 3). Während wir noch die Vorzüge der ersterwähnten Dependance auskosten, knistern in unserer Tasche bereits die Aufenthaltspapiere für den zweiten Wohnsitz. Trösten mag man sich da mit dem lakonischen Bescheid Jean Pauls, dass auch jede Gesundheit – wenn sie nur lang genug dauere (etwa 70, 80 Jahre) – tödlich sei (vgl. Jean Paul, 1996, S. 239).

Symptomfreiheit ist nach gängigem Verständnis das »Leitsymptom« von Gesundheit. Das Unbehagen an einer Sichtweise, die schon im »Schweigen der Organe«[2], ergo: im reibungslosen Normalbetrieb biologischer Wirkeinheiten die Ideallinie menschlichen Befindens erkennt, rührt anderswoher. Man befürchtet schlicht eine unnötige Verkürzung von Erörterungsperspektiven. Kritisch beäugt wird eher der Zuschnitt der Fragen als der Gehalt bisheriger Antworten. Durch eine Fokussierung auf Risiken und Barrieren, die den psychosomatischen Normalbetrieb behin-

---

2 Leriche, zit. nach Canguilhem, 1977, S. 58

dern, geraten demnach schnell all jene Faktoren aus dem Blick, die Problemlösungen und Anpassungsprozesse *begünstigen*. Das wird zumal von Vertretern des salutogenetischen Ansatzes der Entwicklungsforschung bekräftigt (Salutogenese, von lateinisch »salus« [= Wohl, Zufriedenheit] und griechisch »genesis« [= Entstehung, Herkunft]). Deren Erkenntnisinteresse richtet sich weniger auf das, was Gesundheitschancen potenziell mindert, als auf das, was sie stabil hält oder vergrößert – und zwar sogar unter widrigen Umständen. Zum Thema werden deshalb situative und persönlichkeitsgebundene Einflüsse auf Vitalität und Widerstandsfähigkeit (für jenen Zielkomplex hat sich der Fachterminus »Resilienz« eingebürgert; vgl. Antonovsky, 1979, 1987; Bengel, Strittmatter & Wittmann, 2001). Eine solche Schwerpunktsetzung stößt trotz ihrer unbestrittenen Verdienste gelegentlich auf Kritik (▶ Infobox 1).

Infobox 1: Zur Kritik des salutogenetischen Ansatzes
Die Suche nach Widerstandsfaktoren und »Immunisierungsstrategien« gegen äußere Störeinflüsse hat nach Einschätzung mancher Kritiker etwas Kleinmütig-Duldsames, das im schlechtesten aller Fälle Bemühungen hintertreibe, ein Übel wirklich an der Wurzel zu packen (vgl. Bröckling, 2017). Statt einen drohenden Schaden konsequent abzuwehren, würden Optionen ausgelotet, Schäden besser bewältigen oder verkraftbar machen zu können. Das Interesse an Maßnahmen, mit denen erwartete Negativfolgen eines Risikoereignisses abgefedert werden sollen, überlagere dann das Interesse an effektiver Risikominimierung (die zunächst vielleicht teurer sei). Man wolle auf das Worst-Case-Szenario gut vorbereitet sein, ohne seiner Entstehung nachhaltig vorzubeugen. Der »schwarze Peter« des Spiels lande deshalb häufig bei denen, die für Herausforderungen ungenügend gewappnet seien (gemäß der Devise »Ist der Druck zu stark, bist Du zu schwach.«). Die Diskussion kreise so eher um Verhaltensdefizite (»mangelnde Belastbarkeit«) als um

veränderungsbedürftige Verhältnisaspekte (»Zuviel an Belastungen«). Tatsächlich wäre es fatal, Verhaltens- gegen Verhältnisanalysen auszuspielen. Die Ansätze sind keine konkurrierenden »Weltanschauungen«, sondern ergänzen einander fruchtbar und adressieren Problembereiche, die bei allen wechselseitigen Abhängigkeiten sehr wohl unterschieden werden können (vgl. Dadaczynski & Paulus, 2018). Diese Unterscheidbarkeit nötigt ja längst nicht zu einer rigorosen Trennung der beiden Aspekte. Der Philosoph Herbert Schnädelbach hat mit Nachdruck die Beachtung jener Differenz angemahnt: »Offenbar macht im Denken die Unterscheidung zwischen ›Unterscheiden‹ und ›Trennen‹ Schwierigkeiten, während man wohl nicht in allen Fällen, in denen man den Kopf seines Gegenüber von dessen Rumpf unterscheidet, sofort zur Trennung überzugehen bereit ist« (Schnädelbach, 1999, S. 16).

In Abgrenzung zu pathogenetischen Herangehensweisen, die *Krankheits*ursachen aufdecken und beseitigen wollen, ist es das Hauptanliegen salutogenetischer Forschungsprogramme, *Gesundheits*ursachen zu identifizieren und in ihrer Wirkung zu verstärken. Die beiden Zugänge sind dabei keineswegs in dem Sinne redundant, dass der eine Ansatz lediglich die Befunde, Theorien und Modellrechnungen des anderen durch einen simplen Vorzeichenwechsel umpolen würde (nach dem Motto »Ein Mangel an Gefährdungsmomenten spricht bereits für ein Befindens- und Funktionsoptimum.«). In dem Maße, in dem Risiken schwinden, wachsen nicht automatisch Gesundheitschancen; was an Negativem entfernt wird, polstert Positivkonten nur selten um gleiche Beträge auf. Um es an einem Beispiel zu veranschaulichen: Der Verzicht auf Fett- und Alkoholkonsum (Wegfall von Risikofaktoren) erhöht die Werte einiger Gesundheitsindikatoren eklatant (günstige Stoffwechseleffekte; Anhebung des körperlichen Leistungsvermögens etc.), die anderer möglicherweise kaum oder erst

1.1 Was ist Gesundheit?

mit deutlichem Zeitverzug (Lebenszufriedenheit; Genusserleben etc.). Es gibt nun Bedingungselemente, die das eine wie das andere zu erklären vermögen (die Abstinenz *und* eine hohe Lebenszufriedenheit), aber ebenso Faktoren, die eher das eine *oder* das andere verständlich werden lassen. Vorstellbar wären Variablenkonstellationen, die mit der Prognose von Erkrankungen vergleichsweise wenig, mit der langfristigen Vorhersage von Zufriedenheit und Handlungstüchtigkeit hingegen relativ viel zu schaffen haben. Diese Merkmale verdienten nach Logik der salutogenetischen Argumentation besondere Beachtung. Knapp und bündig: Das Gute ist etwas anderes (oder doch mehr) als das Schlechte, das uns verschont (vgl. Faltermaier, 2005, 2018; Franke, 2012).

Der Leser ahnt es längst: Das vorgängige Beispiel fußt auf einer Prämisse, die ihrerseits genauer auf Plausibilität und Tragweite abgeklopft werden sollte. Vorausgesetzt wurde augenscheinlich, dass der Begriff Gesundheit *positive* Bestimmungsstücke hat, in sich also differenzierter ist, als es die Sprachregelung vorgaukelte, Gesundheit sei das homogene Kontrastbild zu Krankheit (jedenfalls war gerade die Rede von *verschiedenen* Gesundheitsindikatoren). Ähnlich wie der philosophische Großbegriff »Freiheit« negativ (»Freiheit wovon?«) und positiv gefasst werden kann (»Freiheit wozu?«), birgt das Konzept Gesundheit offenbar eine Doppelreferenz: eine negative (»Freiheit von Beschwerden«) und eine, die *positive* Zielattribute umspannt. Solche sind explizit schon in dem berühmten Definitionsvorschlag erwähnt, der das Gründungsdokument der »World Health Organization« einleitet: »Gesundheit ist ein Zustand des vollständigen körperlichen, geistigen und sozialen Wohlergehens und nicht nur das Fehlen von Krankheit oder Gebrechen.« (Im Original: »Health is a state of complete physical, mental and social well-being and not merely the absence of disease or infirmity«, WHO, 1946, S. 1.) Ein Zustand vollumfänglicher Zufriedenheit mit der zitierten Definition wurde freilich nie erreicht. Kritiker bemängelten vor allem drei Punkte (vgl. Schramme, 2012):

1 Grundkonzepte der Gesundheitsforschung

- Der Satz umreißt eine Maximalvorgabe. Die Frage ist deshalb weniger, ob jemand nach WHO-Perspektive *gesund* oder *krank* ist, sondern eher, in welcher Entfernung vom kaum erreichbaren Befindensoptimum der Betreffende »strandet«. Als hehres Gestaltungsziel mag das dort Behauptete Strahlkraft haben, zur Beschreibung der »schnöden Realität« taugt die Einlassung weniger. Empirische Forschungsresultate ernüchtern zwischenzeitlich über den Verbreitungsgrad einer so auf den Begriff gebrachten Gesundheit. Nur eine von 20 Personen bejaht die Frage, ob sie vollständig gesund sei. 95 % der Über-18-Jährigen vermelden mindestens ein Gebrechen; jeder dritte Erwachsene berichtet mehr als fünf Gesundheitseinschränkungen, die ihn aktuell betreffen (vgl. Vos et al., 2015, die Daten aus 188 Ländern für ihren Report ausgewertet haben). Die oft und gern beschworene »normative Kraft des Faktischen« lässt da die faktische Verbindlichkeit der WHO-Idealnorm gefährlich kippeln.
- Definitionen scheitern mitunter an dem, was dem Wortsinne nach ihr eigentlicher Auftrag ist: Grenzziehungen (»definitio«, lat.: Umgrenzung). Wird ein Sachverhalt vom Begrifflichen her zu weitläufig abgezirkelt, hat man das Problem, dass jenseits der Grenze wenig übrigbleibt. Beinahe alles gehört dann irgendwie dazu. Derartige Bedenken wurden auch im Hinblick auf die WHO-Definition geäußert (vgl. Callahan, 2012). Sie erwecke den Eindruck, Übel jeglicher Coloeur (von diplomatischen Krisen und Extremwetterlagen über unhöfliches Verhalten bis hin zu schlechten Scherzen und Schulhofprügeleien) seien letzten Endes »gesundheitliche Angelegenheiten«. Das rufe die Frage auf den Plan, ob hierdurch nicht Grenzen zwischen Zuständigkeitsclaims von Politik, Wissenschaften und lebensweltlichen Aushandlungsprozessen kontraproduktiv verwischt werden.
- Die Definition blendet dynamische Elemente des Gesundheitsgeschehens weitgehend aus. Sie sieht als statisch an, was seiner Natur nach fragil und prozesshaft ist. Unterschätzt wird das

enorme Veränderungspotenzial, das dem Phänomen innewohnt.

Dass die geschilderten Einwände erhebliche diskursive Durchschlagkraft hatten, ist an der 1986 von der WHO veröffentlichten Neudefinition des Begriffes ablesbar. Dort heißt es: »Gesundheit ist ein positiver funktioneller Gesamtzustand im Sinne eines dynamischen biopsychologischen Gleichgewichtzustandes, der erhalten bzw. immer wieder hergestellt werden muss« (zit. nach Knoll, Scholz & Rieckmann, 2017, S. 21). Einige Implikationen der abgeänderten Begriffsfassung seien eigens hervorgestrichen.

- Erstens: Statt auf die völlige körperlich-psychische Unversehrtheit abzuheben, wird konsequent auf eine *funktionale* Sichtweise umgeschwenkt. In den Vordergrund rückt die Frage, ob jemand den Anforderungen seines Alltags und den Erwartungen an die soziale Rolle, in der er jeweils agiert (z. B. Vorgesetzter, Vater, Verkehrsteilnehmer), gerecht werden kann. Und das glückt im besten Falle sogar dann, wenn der Betreffende gehbehindert, Diabetiker oder alleinlebender Hundephobiker ist (womit er durch die Raster der klassischen WHO-Gesundheitsdefinition von 1946 gerutscht wäre).
- Zweitens: Gesundheit wird begrifflich als eine Art Fließgleichgewicht mit unsicheren Grenzen modelliert; das »System« ist in Bewegung. Es wird von Veränderungsimpulsen angetrieben und erzeugt selber welche. Man bleibt ihm gleichwohl nicht schicksalhaft ausgeliefert, sondern trägt durch Tun oder Unterlassen selbstverantwortlich zu den Verlaufseigenschaften des schwierigen Balance-Aktes bei.
- Drittens schließlich: Körperliche und psycho-soziale Prozesse sind über viele Regelkreise funktional miteinander verflochten; ihre Interaktion verlangt zwingend eine ganzheitliche Betrachtung. Werden körperliche Symptome z. B. einzig als Teilstörungen autonomer Zell- oder Organverbände »verarztet«, kann das zu kurz gesprungen sein (ebenso wie die Behandlung

psychischer Symptome ohne Beachtung somatischer Korrelate).

Man mag den neueren Definitionsvorschlag einigermaßen abstrakt oder – nun ja – »blutleer« finden (wenn das Wort in unserem Kontext erlaubt ist). Tatsächlich waren und sind Bemühungen im Gange, wichtige Bezugspunkte des so verstandenen Gesundheitskonzepts präziser auszuarbeiten. Frank, Vaitl und Walter (1990) etwa unterscheiden sieben Facetten körperlichen Wohlbefindens (von »Genussfreudigkeit« über »Gepflegtheit/Frische« bis hin zu »Konzentrations- und Reaktionsfähigkeit«). Schaarschmidt und Kieschke (2007, S. 29) wiederum bündeln Inhalte der aktuellen Debatte um eine sachgemäße Bestimmung psychischer Gesundheit zu einem vorläufigen Fazit: »Psychisch gesund ist ... ein Mensch, dem es im Alltag gelingt, sich engagiert und doch entspannt den Anforderungen zu stellen, der über eine positive Einstellung zu sich selbst und zu den eigenen Wirkungsmöglichkeiten verfügt, der Ziele verfolgt, in seinem Tun Sinn erfahren kann und sich sozial aufgehoben fühlt.« Das zur Sprache gebrachte Merkmalsprofil psychischer Gesundheit wird nicht einfach als »biologische Mitgift« vererbt (als sei es wie Glück etwas, was man »hat« oder nicht). Vielmehr gewinnt es Kontur erst in der individuellen Auseinandersetzung mit aktuellen Gegebenheiten und Aufgaben. Die Forschung interessiert sich für Rahmenbedingungen solcher Auseinandersetzungsprozesse unter dem Schlagwort Gesundheitsressourcen. Sie meint damit Einflussgrößen, die in einem empirisch nachweisbaren Zusammenhang mit Selbstbehauptungsfunktionen des Menschen stehen. Der nächste Abschnitt soll das etwas genauer erläutern.

1.2 Zum Begriff der Gesundheitsressource

Eine prägnante Definition des Ressourcenbegriffes stammt von Grawe (2000). Der Terminus ziele auf das individuelle Potenzial zur Befriedigung menschlicher Grundbedürfnisse. Alles, was einschlägige Bemühungen fördere und gegen äußere Störungen abschirme, habe Ressourcenfunktion. Im Rahmen seiner Theorie zu psychotherapeutischen Wirkfaktoren listet Grawe (2000) vier Grundbedürfnisse des Menschen auf:

- das Bedürfnis nach Orientierung und Kontrolle,
- das Bedürfnis nach Lustgewinn und Unlustvermeidung,
- das Bedürfnis nach Bindung sowie
- das Bedürfnis nach Selbstwerterhöhung und Selbstwertschutz.[3]

Die Faktoren nun, die unsere Chancen auf Befriedigung der genannten Bedürfnisse steigern, können materieller oder immaterieller Natur sein. Einige haben ein eher individuell-persönliches Gepräge, andere tragen systemischen Charakter. Sie sind mithin auf verschiedenen Ebenen der Mensch-Umwelt-Interaktion angesiedelt. Hurrelmann, Klotz und Haisch (2014, S. 16) z. B. unterteilen Gesundheitsressourcen nach folgenden Hauptkategorien:

- Umweltfaktoren (Güte des Lebensraums, beschreibbar etwa durch Indikatoren für die vorhandene Infrastruktur oder für Luft- und Wasserqualität),

---

3 Leider lassen viele der eher auf die Sicht des Einzelnen zugeschnittenen Ressourcentheorien einen Aspekt unterbelichtet, der ethisch von höchster Bedeutsamkeit ist: Das Streben nach Bedürfnisbefriedigung und Ressourcengewinn kann auf Kosten anderer gehen. Die daraus resultierenden Verteilungsungerechtigkeiten und Konflikte sind eine gesamtgesellschaftliche Herausforderung, der schwerlich »nur« mit Psychologie zu begegnen ist.

- soziale und wirtschaftliche Faktoren (sozio-ökonomische Bedingungen der Lebensführung, berufliche und private Netzwerke) sowie
- behaviorale und psychische Faktoren (Gesundheitsverhalten, emotionale, kognitive und soziale Kompetenzen etc.).

Das Wissenschaftlerteam um Hurrelmann nennt als zusätzlichen Ressourcenaspekt den Zugang zu gesundheitsrelevanten Leistungen (der selbst durch Faktoren wie Bildung und Mobilität bestimmt wird). Aufzählungen wie die zitierte sind keineswegs überlappungsfrei. Die erwähnten Bedingungselemente wechselwirken miteinander, markieren also keine gänzlich unabhängigen Effektstrecken. Ob ich mich z. B. in einer Wohngegend mit besonders guter Infrastruktur niederlassen kann, hat u. a. mit meiner finanziellen Situation zu tun, die wiederum von etlichen anderen Faktoren beeinflusst wird (vom ausgeübten Beruf und vorgängig von den persönlichen Interessen- und Leistungsbedingungen für eben jene Berufswahl; vom Vermögen der Herkunfts- oder der angeheirateten Familie etc.). Die Ressourcenfrage wird so regelrecht zur biographischen »Gretchenfrage«. Das ist übrigens eine der Hauptpointen eines Modells, das in der gesundheitswissenschaftlichen Diskussion große Prominenz erlangt hat: der COR-Theorie (COR = »Conservation of Resources«; Hobfoll, 1989). Sie beruht auf der Annahme, dass Ressourcenmanagement ein wesentliches, wenn nicht *das* wesentliche Organisationsprinzip menschlichen Verhaltens und Erlebens sei. Die Bemühungen um Erhalt und Ausbau von Ressourcen hätten über ihren instrumentellen Wert hinaus Relevanz für die Identitätsbildung. Wer oder was jemand sei, lasse sich just über die Beschreibung der individuell verfügbaren Ressourcen klar ausbuchstabieren. Ressourcenverluste würden genau deshalb als besonders schwerwiegend empfunden (untergrüben sie doch letzthin das Selbstverständnis einer Person). Die Erlebensintensität des Verlustfalles übersteige zumeist die des Gewinnfalles. Um sich vor Verlusten zu schützen, Verluste auszugleichen oder Handlungsoptionen zu mehren, müssten Menschen

1.2 Zum Begriff der Gesundheitsressource

zwangsläufig Ressourcen investieren. Jene Investments seien aber oft mit großen Risiken verknüpft. Das hiermit einhergehende Unsicherheitsgefühl ist für Hobfoll ein Kernelement des Phänomens »Stress« (Ausführlicheres zum Stresskonzept im übernächsten Abschnitt). Der Umgang mit möglichen oder faktischen Ressourceneinbußen wird in der COR-Theorie zum Zentralschlüssel für das Verständnis von Gesundheit und Krankheit. Personen mit guter Ressourcenausstattung seien gegen Probleme besser gefeit und hätten von vornherein größere Chancen, weitere Ressourcen anzusammeln. Der »Besitz« von Ressourcen ist jedoch nicht immer streng objektivierbar. Zuweilen versetzt der Glaube an eigene Möglichkeiten (selbst wenn sie überschätzt werden) Berge, wo real bestehende Handlungsoptionen ohne Effekt bleiben, weil versäumt wurde, sie angemessen zu nutzen. Solche Überlegungen eröffnen auch eine interessante Perspektive für Therapie- und Beratungszusammenhänge. Die Analyse der aktuellen persönlichen Situation darf nicht in der Aufrechnung von Problemen und Defiziten (gewissermaßen von »Soll«-Verfehlungen) versanden. Anspruch muss es vielmehr sein, den Blick stärker auf Talente und bereits vorhandene Ausgangspunkte für Lösungen (also das aktuelle »Haben«) zu lenken. Handlungslähmungen und Grübel-Kreisläufe können auf diesem Wege erfolgreich durchbrochen werden. Experten gebrauchen für das beschriebene Prinzip im Kontext von Interventionsplanungen den Begriff der *Ressourcenaktivierung* (vgl. z. B. Grawe & Grawe-Gerber, 1999; Schaller & Schemmel, 2013).

Noch kurz zu einem anderen Aspekt. Der Verweis auf »Gesundheitsressourcen« hat wichtige forschungsmethodische Implikationen. Wird ein Merkmal als Ressource bezeichnet, ist damit streng genommen ein Ursache-Wirkungs-Verhältnis unterstellt, das man empirisch auf Plausibilität testen kann. Es müsste dann nachzuweisen sein, dass der betreffende Faktor Gesundheitskriterien zeitlich vorgeschaltet *und* kausal zuzuordnen wäre. Derartige Untersuchungen sind einzig in längsschnittlichen Designs möglich, also durch wiederholte Datenerhebungen an denselben

Personen. Entsprechende Befunde würden zudem helfen, eine andere Schwierigkeit in der gesundheitswissenschaftlichen Theoriebildung eleganter zu umschiffen: das Problem, dass vorhersagende und vorherzusagende Variablen (technisch formuliert: Prädiktoren und Kriterien) inhaltlich manchmal zu eng benachbart sind oder einander überschneiden (vgl. z. B. Weber, 1997; Schröder, 1997).

Natürlich mutet es aufs erste trivial an, wenn ich mit der Variable »Psychische Stabilität« (verstanden und erfasst als »Stressresistenz«) Unterschiede im Stresserleben »aufkläre«. Niemanden dürfte es überraschen, dass jemand, der angibt, durch Widrigkeiten generell kaum verunsichert zu werden (demgemäß hohe Werte in der Skala »Psychische Stabilität« hat), die Frage nach der aktuell erlebten Verunsicherung (»Stress«) eher verneint. Vom Erkenntnisgewinn her wäre das ein Nullsummenspiel. Der Zusatz »... sind widerstandsfähiger gegen Stress« vergrößert den Informationsgehalt des Sammelnamens »Stressresistente Personen ...« ungefähr genauso stark wie die Adjektivbeigabe »weißer« den der Pferdebezeichnung »Schimmel«. Kann man allerdings empirisch zeigen, dass das Merkmal »Psychische Stabilität« einen stärkeren Einfluss auf das spätere Stresserleben hat als umgekehrt Stress auf spätere Ausprägungen in »Psychischer Stabilität«, schält sich eine überzeugendere Antwort auf die Frage heraus, was hier Bedingung (gar Ressource) und was Konsequenz sei. Ist »Psychische Stabilität« überdies mit anderen Variablen verbunden oder stärker korreliert als das Merkmal »Stress«, haben wir gute Gründe auszuschließen, dass unser »Henne-Ei«-Problem (Frage nach Kausalität) am Ende ein »Ei-Ei«- oder ein »Henne-Henne«-Problem sein könnte, weil beide Messungen schlicht ein und dasselbe abbilden.

1.3 Gesundheit ist relativ?!

Der Unterschied zwischen Gesundheit und Krankheit bleibt immer auch Definitionssache. Er ist alles andere als eine zeit- und kulturinvariante Angelegenheit (vgl. Bergdolt, 1999). Das sei mit Hilfe zweier Einschübe kurz skizziert.

1.3.1 Diagnostische Kategorien im Wandel

Sollte man die Großerfolge der neuzeitlichen Medizin im Schnellüberblick vergegenwärtigen, prasselten auf den Leser etliche Auskünfte zu Behandlungsfortschritten und Präventionsarbeit (genannt sei nur das Stichwort Hygiene!) sowie zu forschungsmethodischen und technologischen Innovationen ein. Einige Effekte sind indes subtilerer Natur. Sie wurden gewissermaßen mit einem Federstrich besiegelt. Bis 1992 z. B. firmierte *Homosexualität* in dem von Medizinern weltweit verbindlich angewandten Klassifikationskompendium ICD (»*International Statistical Classification of Diseases and Related Health Problems*«, erarbeitet und herausgegeben von Expertenteams der WHO) als Krankheit. Mit der aktuell noch gültigen Variante des diagnostischen Systems (ICD-10) war die Eingruppierung als Störung dann Geschichte. Aus dem Krankheitenkatalog der American Psychiatric Association (APA), dem *Diagnostic and Statistical Manual of Mental Disorders* (DSM), ist die Diagnose »schon« 1973 getilgt worden. Viele Millionen Menschen wechselten so ohne eigenes Zutun oder irgendeine medizinisch-therapeutische Unterstützung vom Status der potentiellen Behandlungsbedürftigkeit in den Normalbereich des klinisch Unauffälligen. Nicht die Wirklichkeit änderte sich, sondern die Praxis ihrer Beschreibung durch Ärzte und andere Gesundheitsexperten. Die besagte Praxis wiederum formt Wirklichkeitsausschnitte auf sehr handfeste Weise um. Einmal festgesetzte diagnostische Leitlinien haben Konsequenzen und normative Verbindlichkeit weit über wissenschaftliche Fachgespräche hinaus (vgl. Heinz, 2014; Schramme, 2012). Sie regeln Anlässe und Ziele medizinisch-pflegerischen Handelns, begründen Eingriffe in private Planungen (etwa im Falle von Krankschreibungen oder Frühberentung) und können gar Zwangsmaßnahmen rechtfertigen (Stichworte: Entmündigung, Unterbringung in geschlossenen Einrichtungen etc.).

Oben war von einem spektakulären Beispiel für die *Streichung* von Diagnosen die Rede. Natürlich ist auch mit dem Gegenteil zu rechnen: der Schaffung *neuer* Diagnosen oder der Absenkung diagnostischer Schwellen für die Zuschreibung »altbekannter« Störungen. Um solche Maßgaben wird im Vorfeld jeder Revision von ICD und DSM kontrovers gerungen. Die dann hochoffiziell festgesetzten Kriterien haben nicht durchweg den Segen aller Beteiligten. Allen Frances beispielsweise, einer der früheren DSM-Mitautoren, warnt vor einer leichtfertigen Ausweitung der Diagnosespektren (vgl. Frances, 2014). Was vordem als normal gegolten habe, würde zu schnell ins Feld des Pathologischen eingemeindet. So war es nach DSM-Empfehlungen bislang üblich, bei Hinterbliebenen bis zu zwei Monate nach dem Verlust eines nahen Angehörigen auf die Vergabe der Diagnose »Depression« (genauer: der »Major Depression Disorder«) zu verzichten. Das 2015 veröffentlichte DSM-V »gängelt« den Diagnostiker nicht länger mit Fristensetzungen (vgl. Falkai & Wittchen, 2015, S. 110ff; ursprünglich war erwogen worden, jene Frist lediglich zu verkürzen). Man lockerte die Vorgaben durchaus in guter Absicht. Betroffene sollten raschen Zugriff auf therapeutische Hilfe haben. Die Verfahrenserleichterung ist teuer erkauft, nach Auffassung mancher Kritiker zu teuer: Phänomene, die unabwendbar Teil der natürlichen Erfahrungswelt sind, werden zu krankhaften und deshalb therapiebedürftigen Ausnahmen gestempelt, obschon sich in ihnen die »Regel des Lebens« selbst ausdrückt.

Es brodelt auch in anderen gesundheitswissenschaftlichen Diskurszusammenhängen. Das Störungsbild »Gaming Disorder« (exzessives Computer- oder Video-Spielen) wird offiziell im ICD 11 verzeichnet sein (wie im Juni 2018 von der WHO verlautbart wurde[4]). Die faktische Anerkennung des Symptom-Komplexes als eigenständiger Krankheit dürfte den Chor der Kritiker kaum verstummen lassen. Gegenargumente schnurren ja keineswegs zu Petitessen zusammen, nur weil sie bei einigen Experten des Entscheidungsgremiums kein Gehör fanden. Kontroversen ranken sich z. B. um die befürchtete Stigmatisierung großer Gruppen junger Menschen (wer gerade noch »engagierter User« war, ist jetzt »krank«) und um die Frage, ob der intensive Gebrauch anderer Medien bald ebenfalls Krankheitswert haben wird. Ist das Medium Buch die »weiche Einstiegsdroge« in die spätere Abhängigkeit von Handy und Online-Angeboten, und ist jemand, der darüber medial fachsimpelt, »Produzent« oder »Dealer« legaler Suchtmittel?

Ähnliche Debatten entbrennen selbst in Bereichen der klassischen physiologischen Diagnostik. So sind 2017 die US-Richtlinien für die Diagnose von Bluthochdruck drastisch verschärft worden. Die Grenzwerte wurden von der Marke 140/90 mmHg (Millimeter Quecksilbersäule) auf 130/80 mmHg gesenkt (ein Expertengremium der American Heart Association und des American College of Cardiology hat die Grenzwertänderung befürwortet; vgl. Whelton et al., 2017). Es ist strittig, ob diese Festsetzung zwingend über die Bedarfslagen spezieller Patientengruppen hinaus verallgemeinert werden sollte. Empirische Studien berechtigen bislang zu keinem vorbehaltlosen Votum. Die Zahl der medikamentös zu versorgenden Blutdruck-»Patienten« jedenfalls schnellt mit der Änderung der Diagnose-Schwellen massiv nach oben (über den Daumen gepeilt wächst sie in den USA von 32 % auf 46 % der Gesamtbevölkerung und damit um knapp 35 Millionen Menschen; vgl. Le Ker, 2018). Das Urteil der amerikanischen Kollegen wird die Diskussion um Grenzwertverschärfungen hierzu-

---

4 vgl. die entsprechende Meldung bei SPIEGEL ONLINE: http://www.spiegel.de/gesundheit/diagnose/who-erklaert-online-spielsucht-offiziell-zur-krankheit-a-1212865.html (abgerufen am 18.01.19)

lande zweifelsohne befeuern. Klar dürfte immerhin sein, dass die Pharmaindustrie mit jenen Normaktualisierungen gut leben kann, wahrscheinlich auch von ihnen.

Wer das Themenfeld Diagnostik auf Schwierigkeiten hin durchforstet, sollte für Zwischenbilanzen einen weiteren Komplizierungsfaktor berücksichtigen: Entscheidungsunsicherheiten, Fehlschlüsse und Affinitäten des Diagnostikers selbst. Letzteres in dem Sinne, dass für jemanden mit einem »Hammer« in der Hand viele Probleme wie ein »Nagel« aussehen. So muss aus der steigenden Zahl einschlägiger Diagnosen (z. B. für psychische Störungen) noch keineswegs zwingend auf eine tatsächliche Zunahme medizinisch-psychologischer Problemfälle geschlossen werden. Dass Tatbeständen ein bestimmtes Etikett häufiger angeklebt wird, kann ebenso mit der höheren Sensitivität der Beobachter und ihrer diagnostischen Werkzeuge oder der allgemeinen Versorgungsinfrastruktur zu tun haben (lax ausgedrückt: wo mehr Therapeuten, da mehr Diagnosen; vgl. Illich, 2012; Dornes, 2016). Nach Expertenschätzungen ist zudem jede siebente klinische Diagnose falsch oder fehlerhaft (vgl. Meyer-Abich, 2010, S. 80). Die Reputation medizinischer Expertise wird da weniger durch die Systemvorgaben (»Diagnoseschlüssel«) als durch den Systemanwender beschädigt.

1.3.2 Vom komplexen Wechselspiel subjektiver und objektiver Faktoren

Der Umgang mit Gesundheitsfragen ist wesentlich durch explizite und implizite Vergleichsprozesse geprägt. Solche Vergleichsprozesse können – wie erörtert – durch den Gebrauch *äußerer* Bezugsnormen (z. B. Diagnosesysteme) gesteuert sein. Zu denken bleibt ferner an *innere* Bezugsnormen. Wie fit wir uns fühlen und welche Fitness wir anderen zutrauen, bemisst sich nicht zuletzt nach Erwartungsstandards, die an jeweils relevanten Ausschnitten der sozialen Realität geeicht wurden (eigene Lebensgeschichte; Erfahrungen mit und Wissen über Menschen ähnlichen Alters, Werdegangs und Wohnumfeldes; vgl. Kelman, 1975; Kronenfeld, 2006). Das ist markant in einer Bemerkung des Sudelbuch-Schreibers Georg Christoph Lichtenberg (1742–1799) eingefangen, die einen guten Eindruck von der biographischen Relativität des Gesund-Krank-Unterschieds vermittelt:

»Wenn man jung ist, so weiß man kaum, dass man lebt. Das Gefühl von Gesundheit erwirbt man sich nur durch Krankheit. Dass uns die Erde anzieht, merken wir, wenn wir in die Höhe springen, durch Stoß beim Fallen. Wenn sich das Alter einstellt, so wird der Zustand der Krankheit eine Art von Gesundheit ...« (Lichtenberg, 1994, Bd. I, S. 820).

Die Intuition Lichtenbergs ist anhand empirischer Daten ohne weiteres zu beglaubigen (selbstredend »nur« im statistischen Durchschnitt, von dem Einzelfälle immer abweichen können). Obschon die Wahrscheinlichkeit körperlicher und funktioneller Einschränkungen mit zunehmendem Alter größer wird, flacht die Kurve subjektiver Zufriedenheitswerte nicht ab – ganz im Gegenteil: Sie wölbt sich jenseits der Fünfzig-Jahr-Schwelle wieder stetig nach oben (vgl. Blanchflower & Oswald, 2017, die für ihre Analyse von Alterstrends in Zufriedenheitswerten aus einem riesigen Datenfundus schöpften: Befragungsergebnisse von 1,5 Millionen Probanden aus 51 Ländern flossen in die Auswertung ein). Erklärungsoptionen für den Befund sind schnell zur Hand. Gemäß unserer Einstiegsvermutung wird z. B. ein 75-Jähriger seinen aktuellen Status kaum mit den Möglichkeiten eines 20-Jährigen vergleichen. Vielmehr dürfte er die Situation danach beurteilen, was ihm vor dem Hintergrund seines Wissens um altersadäquate Leistungsprofile und seiner Erfahrungen mit Altersgenossen »realistisch wünschbar« erscheint. So mag eine Person von 75 Jahren trotz Dauermedikation und Angewiesenheit auf eine Gehhilfe Zufriedenheit mit ihrem Gesundheitszustand bekunden, ein 20-Jähriger hingegen die eigene Lage nach einer noch nicht ausgeheilten Sportverletzung als wenig zufriedenstellend taxieren. Angaben zur subjektiven Zufriedenheit spiegeln eben keineswegs mit seismographischer Genauigkeit das Auf und Ab äußerer Handlungsumstände oder medizinischer Statuszuschreibungen wider (vgl. Diener, Suh, Lucas & Smith, 1999). Beide Komplexe (»subjektives Befinden« und »objektive Symptomkonstellation«) können sich gar über weite Strecken entkoppeln. Neben der geläufigen Unterscheidung »gesund vs. krank« sollte deshalb noch ein zweiter Unterschied die diskursive Aufmerksamkeitsschwelle passieren – der zwischen »gesunden Kranken« (subjektiv: krank; objektiv: befundfrei) und »kranken Gesunden« (subjektiv: ohne Beschwerden; objektiv: Symptomträger) (vgl. Myrtek, 1998). Solche Diskrepanzen haben viele Ursachen. Sie mögen zum einen Wahrnehmungsdefiziten der Betroffenen geschuldet sein. Bei den meisten Menschen hapert es an der Fähigkeit zur bewussten Registrierung innerer Körperprozesse (Interozeption). Zahlreiche Untersuchungen zur Wahrnehmung der Herz-Kreislauf- und Atmungsreaktion bezeugen das eindrucksvoll (vgl. Vaitl, 1995; Pollatos & Fischer, 2018). Zum anderen strahlen Persönlichkeitseffekte auf das subjektive Krankheitsgefühl aus. Manche Personen neigen habituell zur Übertreibung von Beschwerden. Sie entwickeln eine starke Klagsamkeit selbst da, wo andere schweigen oder bloß leise murren (vgl. Ferguson, 2000). Ein Lehrbuchbeispiel für eine solche Haltung wäre der Hypochonder, den schon Kleinigkeiten zu dramatischen Mutmaßungen über die eigene Gesundheitssituation aufstacheln. Wunderbar verewigt ist das in vielen Dialogsequenzen von Woody-Allen-Filmen, etwa in dieser aus dem oscar-gekrönten Streifen »Hannah und ihre Schwestern«: »Vor zwei Monaten hast du geglaubt, du hättest ein malignes Melanom.« – »Natürlich! ... weißt Du ..., auf einmal war ein schwarzer Fleck auf meinem Rücken!« – »Er war auf deinem Hemd!« (Allen, 1986, S. 57f.). Worüber man hier zunächst vielleicht schmunzelt, hat in milderen Formen eine weite Verbreitung. Hausärztliche Erfahrung ist es längst, dass fast 50 % der in einer Praxis vorstellig werdenden »Patienten« nichts medizinisch Fassbares fehlt (Meyer-Abich, 2010, S. 13). Das Beschwerdebild bleibt oft diffus und ist mit klassischen Laborwerten kaum zu untermauern. Behandelt werden sollen Muskelschmerzen, Kopfweh, leichte Schlafstörungen oder andere Unpässlichkeiten, die mit dem Repertoire einer auf somatische Eingriffsmöglichkeiten ausgelegten Medizin nur bedingt zu »heilen« wären (vgl. Eriksen & Ursin, 2004). Umgekehrt tendieren einige Personen dazu, Symptome auf die leichte Schulter zu nehmen und notwendige Behandlungen zu verzögern. Beides hat negative Konsequenzen: der allzu frühe und häufige Arztbesuch genauso wie der fatalerweise unterlassene. Entscheidend für das tatsächliche Verhalten ist aber meist der subjektive Faktor, also das an die Ich-Perspektive gebundene Urteil zum Stand der (Un)Dinge. Dass jenes Urteil seltener mit den »objektiven Daten« übereinstimmt als man meinen würde, sollte niemanden zu einer Abwertung subjektiver Auskünfte und Ansichten verleiten. Wer das täte, hätte einen wichtigen Grund für *reale* Unterschiede in der Nutzung von Gesundheitschancen verkannt. Was für eine Person »subjektiv real« ist (z. B. die in Arbeitssituation empfundene Belastung), treibt reale Folgen hervor (z. B. Häufigkeitsunterschiede in Arztbesuchen und Krankschreibungen).[5] Das sollte bei der Interpretation von Befunden zur Inanspruchnahme des Gesundheitssystems explizit eingepreist werden. Die Tatsache, dass Deutsche wesentlich häufiger Arztkontakte haben (nämlich ca. 9,2-mal pro Jahr) als die Einwohner der meisten anderen OECD-Staaten (ca. 6,6-mal pro Jahr) ist noch kein zwingendes Indiz für eine im internationalen Vergleich desaströse »objektive Gesundheitslage« (vgl. Rattay et al., 2013; RKI, 2015). Nicht allein der labormedizinisch fassbare Beschwerdestatus triggert die Bereitschaft zu (weiteren) Arztbesuchen. Neben systemischen Vorgaben wie Besonderheiten des Versicherungssystems oder der Versorgungsinfrastruktur sind psychologische Variablen wie *Erwartungen* oder *Einstellungen* wichtige Be-

---

5 Das ist der Bedeutungskern des in der soziologischen Literatur häufig bemühten Thomas-Theorems: »... if men define situations as real, they are real in their consequences« (Thomas & Thomas, 1928, zit. nach Merton, 1995, S. 380).

zugsgrößen eines tragfähigen Erklärungsmodells. Am Ende ist es auf komplizierte Weise so einfach, wie es Weisheitslehren seit jeher behaupten: »Wir sehen die Dinge nicht, wie sie sind, sondern wir sehen sie, wie wir sind« (Talmud, zit. nach Frances, 2014, S. 177), »Nicht die Tatsachen selbst beunruhigen die Menschen, sondern die Meinungen darüber« (Epiktet, Handbüchlein der Ethik, Übersetzung Ernst Neitzke, 1990, S. 19). Das Spektrum der Meinungen und subjektiven Konsequenzen, die Krankheits-Tatsachen »überkrusten«, hat übrigens keineswegs bloß negative Ausprägungen. Es war Sigmund Freud, der das unter dem Stichwort »Krankheitsgewinn« zum Thema machte (vgl. z. B. Freud, 1917/ 1999a, S. 398f.) Symptome können insofern entlasten, als sie ein Auszeit-Argument liefern (Verlassen oder Vermeiden konflikthaltiger Situationen) und zur Nutzung von Vorteilen der Krankenrolle legitimieren (Entbindung von Alltagspflichten, Aufmerksamkeitszuwendung, Nachsicht und Verwöhnung etc.).

Unsere privaten *Theorien* zu Krankheits- oder Gesundheitsursachen entfalten unter Umständen eine erstaunliche *Praxis-Wirksamkeit* (vgl. Keller et al., 2012). Etliche neuere Studien verleihen dem Nachdruck, besonders spektakulär vielleicht jene von Nabi et al. (2013), an der über 7000 Probanden beteiligt waren. Englische Staatsbedienstete auf verschiedenen Hierarchiestufen des öffentlichen Dienstes wurden erstmals im Jahre 1985 um zwei Stellungnahmen gebeten: a) zum aktuell selbst erlebten Arbeitsstress und b) zur Frage, wie sich Stress nach ihrer Auffassung auf die Gesundheit auswirke. Zusätzlich waren »objektive« Daten zur Lebenssituation erhoben worden (Grad der beruflichen Verantwortung; sozio-ökonomischer Status; Einbindung in soziale Netzwerke; Indikatoren des Gesundheitsverhaltens, z. B. bezüglich Alkohol- und Nikotinkonsum sowie sportlicher Betätigung etc.). 18 Jahre später wurde geprüft, wer von den Untersuchten zwischenzeitlich einen Herzinfarkt erlitten hatte. Der subjektive Faktor entpuppte sich als hochgradig bedeutsam. Ob Personen den erfahrenen Stress als gesundheitsrelevant betrachteten oder nicht, hatte statistisch nachweisbare Folgen. Bei vergleichbarem Stress-

Ausgangsniveau war das Infarktrisiko in der Gruppe der Besorgten (Motto: »Der Stress wird mich noch umbringen!«) doppelt so hoch wie in der Gruppe der eher Unbekümmerten (Motto: »Stress gehört nun mal zum Job, entscheidet aber nicht über meine Gesundheit!«). Was uns gedanklich bewegt, bleibt offenbar nicht allein »in unserem Kopf«. Das hat Gültigkeit weit über den Allgemeinplatz hinaus, dass wir uns mit anderen zu beliebigen Themen sprachlich austauschen können. Mittlerweile hat man übrigens einen physiologischen Vermittlungsmechanismus für den geschilderten Effekt aufgedeckt (vgl. Crum, Akinola, Martin & Fath, 2017). Bei Probanden, die ihr Stresserleben kognitiv mit Relativierungen und Positivbotschaften gleichsam ummänteln (»Stress macht stark!«), wird offenbar neben dem Stresshormon Cortisol ein zweites Hormon vermehrt ausgeschüttet: Dehydroepiandrosteron (DHEA). DHEA schützt wahrscheinlich vor Depressionen und Herzkrankheiten. Probanden, die ihren Stress in negative Deutungen einkapseln (»Stress macht krank!«), zeigten keine erhöhten DHEA-Werte. Das Beispiel lehrt neuerlich: Psychologie vermag Wertvolles auch für das Verständnis *körperlicher* (Erkrankungs-)Prozesse zu leisten. Das ist gerade im Hinblick auf jenes Phänomen zu unterstreichen, das bereits mit der zitierten Studie angetippt wurde: Stress. Dazu jetzt Genaueres.

1.4 »Stress« im Fokus der Gesundheitsforschung

Meinungsforschungsinstitute veranstalten regelmäßig zum Jahreswechsel Umfragen, in denen die allfälligen »guten Vorsätze« für die nächsten Monate ermittelt werden sollen (vgl. Willmann, 2016, S. 7). Eine Nennung erobert zuverlässig einen Spitzenplatz: »weniger Stress« (dicht gefolgt vom Wunsch nach »mehr Zeit für die Familie«; ein Schelm, der Arges dabei denkt, könnte jetzt natürlich witzeln, dass beides auf einmal schwer zu haben ist: intensivere Familienkontakte *und* Stressabbau). Die Berichterstattung über die Umfrageergebnisse ist dann oft mit Auskünften flankiert, die das gesamtgesellschaftliche Interesse an derlei »Wunscherfüllungen« durchschimmern lassen. Einige Angaben zur Kostprobe: 60 % der Arbeitsunfähigkeitstage sollen auf das Konto stressassoziierter Phänomene gehen (Brinkmann, 2014, S. 184). Stress verursacht so pro Jahr Gesamtkosten von vielen Milliarden Euro. 20 Milliarden Euro waren nach vorsichtigen Schätzungen allein im Jahr 2006 zu berappen (vgl. Techniker-Krankenkasse, F.A.Z.-Institut, 2009). Der Trend flaut keineswegs ab, der »Peak« liegt offenbar eher vor als hinter uns: Die Zahl stressbedingter Fehltage vervielfachte sich im Zeitraum 2012 bis 2016 um den Faktor 1,53 (von 19,97 Millionen auf 30,53 Millionen Krankschreibungen pro Jahr, so die Auskunft des Bundesgesundheitsministeriums auf eine parlamentarische Anfrage im Frühjahr 2018).[6] Angesichts dieser Statistiken drängt sich der Eindruck auf, Stressprobleme seien mehr als eine Randerscheinung. Andere Statistiken festigen ihn: 80 % der Befragten in bevölkerungsrepräsentativen Studien räumen gelegentliche Stress-Episoden ein, ein Drittel klagt über häufige oder ständige Überlastung (vgl. Heinrichs, Stächele, & Domes, 2015, S. 1). In den USA wird Stress für mindestens 75 % aller Krankenhausaufenthalte und zwei Drittel aller Arztbesuche (mit)verantwortlich gemacht. Fast 50% aller Amerikaner sind dem Vernehmen nach dauerhaft an stressbedingten psychosomatischen Syndromen erkrankt (vgl. Doublet, 1999).

Wir wollen nicht verhehlen, dass manche der im Umlauf befindlichen Statistiken zum Ausmaß der »Belastungs-Epidemie« uns nur bedingt »belastbar« erscheinen. Mitunter werden die epidemiologischen Modelle, die solch horrende Zahlen ausspucken, wohl mit überzogenen Annahmen und zu hoch angesetzten Basisraten für einzelne Problemgruppen »gemästet« (vgl. zu den

---

6 Quelle: http://www.spiegel.de/gesundheit/psychologie/ueberlastung-underschoepfung-deutlich-mehr-krankschreibungen-a-1206370.html (abgerufen am 21.01.19)

1.4 »Stress« im Fokus der Gesundheitsforschung

Schwierigkeiten und zur Komplexität epidemiologischer Modelle: Kreienbrock, Pigeot & Ahrens, 2012; Bonita, Beaglehole & Kjellström, 2013). Selbst konservativere Schätzungen aber rütteln wach. Die WHO hat »Stress« mit guten Gründen zu einem der größten Gesundheitsprobleme des 21. Jahrhunderts hochgestuft. Was jedoch wurde da im Detail mit dem Attribut des »gesundheitlichen Großproblems« ausgestattet? Alltagssprachlich ist das Konzept Stress jedenfalls von notorischer Vagheit. Das Etikett haftet an beinahe allem – an der unangenehmen Gesprächssituation genauso wie an durchaus genossenen, allerdings eng getakteten Vergnügungsterminen (»Freizeitstress«).

Beginnen wir wieder mit einem begriffsgeschichtlichen Hinweis (vgl. ausführlicher zu historischen Aspekten der Auseinandersetzung mit dem Stresskonzept: Kury, 2012; Jackson, 2013; Haller, Höhler & Stoff, 2014). Das Wort »Stress« war ursprünglich in physikalischen Theoriezusammenhängen beheimatet. Es hatte seinen ersten wissenschaftlichen Auftritt in der Beschreibung einer Eigenschaft fester Körper: der *Elastizität*. Physiker verstehen hierunter das Potenzial zur Wiederherstellung des »Vorher-Zustandes« nach Wegfall einer Fremdlast, die eine temporäre Formänderung erzwang. Der englische Naturforscher Robert Hooke (1635–1703) hat seine Überlegungen zum Thema in noch heute geläufige Begriffsformen gegossen. Die Last (*load*), der ein Körper ausgesetzt wird, dehnt das Material allmählich aus (*strain*). Vermittelnde Prozessgröße zwischen beiden Punkten ist die direkte Schwerewirkung des Fremdgewichtes, ergo der von außen erzeugte Druck (*stress*) (vgl. Stengel, 1997, S. 200). Die Unterscheidung zwischen *Stress* (»Belastung«) und *Strain* (»Beanspruchung«) kehrt übrigens in Begriffsstandardisierungen wieder, die in Arbeitsschutz-Kontexten gebräuchlich sind (▶ Infobox 2).

1 Grundkonzepte der Gesundheitsforschung

> **Infobox 2: Belastung (Stress) und Beanspruchung (Strain)**
>
> In den international gültigen Richtlinien zur Gestaltung von Arbeitsplätzen unter Gesichtspunkten der mentalen Belastung (EN ISO 10075) ist die aus der Physik stammende Unterscheidung zwischen Stress und Strain für psychologische Zwecke aufgegriffen worden. Der Begriff »Stress« bezeichnet danach die Gesamtheit der *von außen* wirkenden Einflüsse auf den Menschen und zoomt Eigenschaften der Situation (nicht der betroffenen Person!) heran. Man beachte, dass der Bedeutungsradius des Wortes keineswegs auf Extremereignisse oder negative Vorkommnisse eingeengt wird; der Begriff bleibt zunächst wertfrei. Unter Beanspruchung (Strain) werden hingegen die unmittelbaren Effekte von Stress auf die jeweilige Person in Abhängigkeit von deren Besonderheiten (körperliche und psychische Dispositionen, Erfahrungen, Kompetenzen etc.) subsumiert.
>
> Eine strikte Abgrenzung externer Einflüsse (*Belastung*) vom individuellen Umgang mit Belastungsfaktoren (*Beanspruchung*) aber wird für die psychologische Theoriebildung zumindest dann zum Problem, wenn sie vorschnell als »Einbahnstraße« ausschildert, was vielleicht keine ist. Zum Beispiel können sich innerpsychische Faktoren (Zeitmanagement; Schwierigkeiten, nein zu sagen etc.) sehr wohl zu objektiven Umweltmerkmalen (»Stress«) vergegenständlichen (Zahl der Termine pro Tag; Menge paralleler Arbeitsprojekte etc.). Externe Einflüsse sind ihrer Genese nach eben nicht immer ganz so »extern«. Modelle, die derartige Rückkopplungen zwischen Beanspruchungs- und Belastungselementen rigoros ausklammern, unterschätzen die Dynamik, die Mensch-Umwelt-Beziehungen durchpulst. Zugriffe der Person auf ihre Umwelt (Nutzung von Weiterbildungsoptionen; aktive Suche nach geeigneten Aufgabenfeldern etc.) kanalisieren in jedem Fall künftige Umwelteffekte auf die Person (vgl. Furnham, 2008).
>
> Wie oben erwähnt, ist die in der ISO-Norm vorgeschlagene Unterscheidung zwischen Belastung und Beanspruchung aus

1.4 »Stress« im Fokus der Gesundheitsforschung

> einem physikalischen Referenzrahmen geborgt. Dass die Analogie zwischen dem physikalischen und dem psychologischen Stressbegriff zuweilen hinkt, wird am Spezialfall deutlich. Die Physik kennt das Hooksche Gesetz, welches besagt, dass Formänderungen an elastischen Körpern proportional zu den äußerlich wirkenden Kräften und damit den inneren Spannungen auftreten. Größere Belastung (Druckeinwirkung) bedingt größere Beanspruchung (Verformung). Die Arbeitspsychologie würdigt davon abweichend eine weitere Variante starker Beanspruchung, besser: Fehlbeanspruchung – die durch *Unter*forderung (vgl. Hacker & Sachse, 2013). Diese jedoch – das sei vorweggenommen – ist im Lehrerberuf kaum verbreitet.

Seine Haupterfolge feierte das Stress-Konzept freilich in den Lebenswissenschaften. Dort wird es routiniert in Anschlag gebracht, um routinestörende Ereignisse und die organismische Reaktion auf den Bedrohungsfall zu thematisieren. Lebewesen sind von Natur aus »konservativ«, sie suchen den gedeihlichen Status Quo zu wahren. Der ist erreicht, wenn ein innerer Gleichgewichtszustand herrscht (Homöostase). Ist jene Balance über tolerable Schwankungen hinaus gefährdet, springen biologische Notfallaggregate an. Die IST-SOLL-Diskrepanz (»Stress«) zu verkleinern, wird zum entscheidenden Ziel der jetzt einsetzenden Regulationsprozesse. Sie sollen eine Mindestpassung zwischen Verhalten und situativen Erfordernissen sichern, indem sie für eine Umverteilung der organismischen Energiereserven zugunsten einer raschen Problembearbeitung sorgen – in Form von Kampf, Flucht oder anderen Bewältigungsmechanismen. Stress lässt sich nun nicht rundweg verhindern; er ist als eine der Grundtatsachen des Lebens ebenso aufreibend wie unvermeidlich. Hans Selye, einer der Pioniere der Stressforschung, billigt ihm denn den Rang eines Vitalzeichens zu: »Auch im Schlaf stehen wir unter Stress. Ohne Stress ist nur der Tod« (Selye, zit. nach Rohmer, 2015, S. 8). Das »Etwas«, das nach der berühmten Einschwörungsformel der Bremer Stadtmusikanten besser als der Tod sei und Suchanstrengungen allemal lohne, ist also immer schon mit Stress verbunden! Die biologisch tief verankerte Antwort auf Bedrohungen und Herausforderungen, die wir mit dem Begriff *Stressreaktion* meinen, hat hohe Funktionalitätsgrade. Sie befähigt uns in Ausnahmesituationen kurzfristig zu erstaunlichen Leistungen (sofern sie nicht in einen Systemkollaps überbordet) und ist essentieller Bestandteil unserer Ausrüstung zur Selbsterhaltung – und zur Selbststeigerung (im Sinne eines Generators von Entwicklungsimpulsen). Die Lernkurve, die sich durch unsere Biographie zieht, verdankt ihre Verlaufsgestalt auch dem Umgang mit Stressanlässen (vgl. Friebe, 2016; Willmann, 2016). Nebenbei: Wie sollten die oft beschworenen Stressbewältigungskompetenzen und der Stolz, es am Ende doch geschafft zu haben, denn anders heranreifen als in selbsterlebten Belastungsszenarien (die man natürlich nicht ausnahmslos als »Sieger« durchquert hat)? Niemand wird zum Schwimmer, ohne je im Wasser gewesen zu sein (wie bereits Hegel der Nachwelt ins Stammbuch textete; vgl. Hegel, 1986, Bd. III, S. 333f.). Erst der Umgang mit Problemen ertüchtigt zum *effektiven* Umgang mit Problemen. Konflikt- und Grenzerfahrungen kann man genauso wenig delegieren wie das Leben selbst. Von solch einem ganzheitlichen Verständnis her widerstrebte es z. B. Goethe, Leiden und Kranksein per se und ohne Einschränkung zu verteufeln (obschon seine Krankheitsfurcht legendär war). Sie erschienen ihm als »gewaltiger Hammer«, den man letztlich brauche, »um seine Natur von den vielen Schlacken zu befreien und [sein] Herz gediegen zu machen« (Goethe, Brief an Jacobi vom 17. November 1782; Goethes Briefe, 1970, Bd. I, S. 168). Aber natürlich ist es leichter, über den »gewaltigen Hammer« zu theoretisieren als seine Schläge zu erdulden (am wenigsten hätte das der große Weimarer bestritten). Die Spuren dieser und anderer Schicksalsschläge werden gern mit Redensarten verpflastert wie »Flugzeuge steigen immer gegen den Wind auf, nie mit ihm!« oder »In jedem Scheitern schlummert eine Chance!«. Einen wahren Kern haben jene kalendersprucharigen Einflüsterungen durchaus: Stress ver-

1.4 »Stress« im Fokus der Gesundheitsforschung

mag Lernprozesse anzukurbeln; Entscheidendes lernt man mitunter gerade aus Niederlagen und Fehlschlägen.

Die Stressreaktion selbst hat für den Organismus zunächst keine negativen Auswirkungen. Ihre körperlichen Begleiterscheinungen (▶ zweite Spalte in Tab. 1.1) dienen schlicht der beschleunigten Energiebereitstellung für basale Verhaltensoptionen (»Kampf oder Flucht«) in akuten Krisen. Der Wechsel zwischen temporärer Aktivierung und Entspannung ist geradezu ein Kernmerkmal von Gesundheit. Ihm eignet eine naturwüchsige Zwangsläufigkeit, ähnlich wie dem Zusammenspiel von Systole und Dyastole im Herz-Kreislauf-System oder dem Nacheinander von Ein- und Ausatmen.

Heikel wird es allerdings, wenn der besagte Aktivierungszustand länger andauert oder vom Organismus nicht mehr vollständig auf Ruheniveau gedrosselt werden kann. Dies zeitigt erhebliche Gesundheitsgefahren (▶ dritte Spalte in Tab. 1.1). Das Risiko für koronare Herzkrankheiten, Magen-Darm-Geschwüre und Diabetes steigt. Diverse biochemische und neuronale Prozesse können folgenreich entgleisen. Stresseffekte auf die Entstehungswahrscheinlichkeit u. a. von Schlaf-, Angst-, Sexual- und depressiven Störungen sind genauso belegt wie Auswirkungen auf kognitive Grundfunktionen und Schmerzerleben (vgl. Sapolsky, 1998). Chronischer Stress resultiert übrigens nicht allein für den Fall, dass angesichts einer unglücklichen Verkettung verschiedener äußerer Ereignisse kaum mehr Atem geschöpft werden kann. Schon die *gedankliche* Dauerbeschäftigung mit zukünftiger Belastung schraubt »Spannungen im System« auf ein kritisches Niveau. Als Menschen können wir eben nicht nur voraus-planen, sondern uns auch vorausängstigen. Stress ist unter solchen Umständen der Schatten, den kommende (eventuell zu Unrecht befürchtete) Geschehnisse werfen. Der Neurowissenschaftler Robert Sapolsky merkt zum Phänomen der kurzfristigen Funktionalität und der längerfristigen Dysfunktionalität von Stress gut nachvollziehbar an:

»Wenn Sie Energie mobilisieren, während Sie um Ihr Leben rennen, kann Sie das ... retten. Geschieht das Gleiche chronisch, weil Sie eine drückende 30-Jahres-Hypothek abzahlen, laufen Sie Gefahr, dass Sie sich durch diesen Stress verschiedene Stoffwechselkrankheiten einhandeln ... Entsprechendes gilt für den Blutdruck: Erhöhen Sie ihn, um über die Savanne zu rennen – gut so. Erhöhen Sie ihn aufgrund von chronischem psychischem Stress, bekommen Sie einen stressbedingten Bluthochdruck« (Sapolsky, 2017, S. 168).

Tab. 1.1: Kurzfristige und langfristige Stresswirkungen auf verschiedene Organsysteme (in Anlehnung an Brinkmann, 2014, S. 201)

Organsystem	Kurzfristige Stresseffekte	Langfristige Stresseffekte
	(wesentlich vermittelt durch die Sympathikus-Nebennierenmark-Achse, deren Hauptfunktion es ist, den Organismus bei akuter Bedrohung in einen Aktivierungszustand zu versetzen)	*(hauptsächlich bestimmt durch das Wirken des Cortisol-Systems [Hypothalamus-Hypophysen-Nebennierenrinden-Achse], das die Bereitstellung von Energie bei anhaltender Belastung gewährleisten soll)*
Gehirn	Aktivierung und Durchblutung nehmen zu; Schmerzempfindlichkeit sinkt	ein überhöhter Cortisol-Wert führt auf Dauer zu Erschöpfung, Gereiztheit und Depression; Schmerzempfindlichkeit wird größer
Herz-Kreislauf-System	beschleunigter Herzschlag und steigender Blutdruck	Bluthochdruck; die Elastizität der Blutgefäße leidet (Arteriosklerose); Anstieg von Herzinfarkt- und Schlaganfallrisiken
Immunabwehr	wird zunächst angeregt	wird bei langanhaltender Belastung geschwächt
Verdauungssystem	Verdauungstätigkeit von Magen und Darm wird gehemmt	auf Dauer kann die geringere Durchblutung von Magen und Darm Geschwüre hervorrufen
Muskelsystem	Muskeln spannen sich an und ihre Blutgefäße weiten sich; Optimierung von Krafteinsatz und Beweglichkeit	chronische Muskelverspannungen

1.4 »Stress« im Fokus der Gesundheitsforschung

Aus der Vielfalt der oben aufgelisteten Krankheitsbilder wird zweierlei ersichtlich. Erstens: Stress ist alles andere als ein »stummes« somatisches Geschehen. Verhaltens- und Erlebensaspekte sind in der Regel mitberührt. Stress rauscht an uns keineswegs »unbemerkt« vorbei (weder aus unserer eigenen noch aus der Perspektive eines Fremdbeobachters). Zweitens: Gesundheitliche Konsequenzen von Stress-Episoden rasten nicht mit der verlaufstypischen Unabwendbarkeit ein, die man z. B. nach einer Norovirus-Infektion erwarten muss. Stressinduzierte Unpässlichkeiten können personenabhängig sehr unterschiedlich geartet sein. Lässt Stress bei dem Einen buchstäblich den Magen grimmen, laboriert ein Anderer in Belastungssituationen eher unter Kopfschmerzen. In Fachbüchern der psychosomatischen Medizin ist deshalb hin und wieder die Rede vom »individuellen Stressorgan« oder vom Ort des geringsten Widerstandes (*locus minoris resistentiae*), der »Schwachstelle« in der Gesamtkonstitution eines Menschen, die am ehesten von Symptomen befallen wird (vgl. Köhle et al., 2017; Geisthövel & Hitzel, 2019).

Der von uns wiederholt verwendete Begriff *Stressreaktion* ist semantisch doppelbödig. Er lässt strenggenommen zwei Lesarten zu. Mit ihm kann der Auslöser, der Grund einer Statusänderung eingekreist werden (»Worauf reagiert jemand?« – »Stress!«), aber auch die Art der Statusänderung (»Wie reagiert jemand?« – »Mit Stress!«). Einmal wäre Stress die unabhängige Variable, einmal die abhängige. Jene Zweideutigkeit begegnet in Schwerpunktsetzungen der mittlerweile breit ausdifferenzierten psychologischen Theorien zum Thema Stress wieder. Einige Beiträge erkunden vorrangig das Besondere von Reizkonfigurationen und situativen Gegebenheiten, denen wir Stressqualitäten zuschreiben (*reizzentrierte Sichtweise*). Andere schenken ihr Hauptaugenmerk den Reaktionsmustern, die unter Anspannung und Problemdruck gebildet werden (*reaktionszentrierte Sichtweise*; Tab. 1.1 bündelt zentrale Befunde entsprechender Studien). Die reizzentrierte Herangehensweise, die der Leitfrage verpflichtet war, was ein Ereignis zum Stressauslöser (Stressor) macht, förderte schnell eines zutage.

Ob eine Situation starkes oder schwaches Stress-Potential birgt, kann unter Absehung von den Eigenschaften und Erfahrungen des direkt Betroffenen oft schwer beurteilt werden[7]. Eine Probe aufs Exempel. Stress wird wahrscheinlicher, wenn eine Situation unvertraut, schwer vorhersehbar und schlecht zu kontrollieren ist (vgl. Lazarus & Folkman, 1984). Jeder von uns darf aber beanspruchen, ein Spezialfall zu sein, der vom Spezialfall des Nachbarn in markanten Punkten absticht, z. B. in der Frage, was er bereits an Erfahrungen auf dem »biographischen Kerbholz« hat. Herausforderungen, die mich als Neuling gehörig einschüchtern, mögen für einen anderen längst Routineangelegenheiten sein.

Aus solchen Sachverhalten wurde geschlossen, dass die Bewertung äußerer Einflussfaktoren in einem fundamentalen Sinne *personenrelativ* bleibt. Am nachdrücklisten ist dies im transaktionalen Stress-Modell von Lazarus beherzigt (vgl. Lazarus & Folkman, 1984; Monat & Lazarus, 1991). Belastungserleben wird dort gefasst als das Ergebnis der *subjektiven* Bilanzierung aktueller Handlungsmöglichkeiten und situationsspezifischer Anforderungen. Verlangen die Umstände mehr, als ich zu leisten vermag, ist ein unangenehmer Spannungszustand die Folge – Stress. Lage und Verhaltensoptionen werden nach Lazarus intern in einem dreistufigen Urteilsprozess abgeglichen (▶ Abb. 1.1). Was ist das Besondere der Situation und hat sie für mich überhaupt Bedeutsamkeit (*primary appraisal*)? In welchem Umfange verfüge ich über die nötige Handlungskompetenz (*secondary appraisal*)? Verringere ich durch mein faktisches Handeln die IST-SOLL-Diskrepanz oder müssen andere Register bemüht werden (*reappraisals*)? Obwohl das Lazarus-Modell in Veröffentlichungen zum Thema Stress mittlerweile den Status einer Standardreferenz hat, sind kri-

---

7 Selbstredend gibt es gewichtige Ausnahmen: Kritische, gar traumatische Ereignisse (Extremerfahrungen wie Krieg, Terrorismus, Naturkatastrophen etc., die Leib, Leben und persönliche Integrität gefährden) bringen beinahe jeden an seine Grenzen!

tische Fragen möglich und nach unserem Eindruck durchaus nötig. Sie könnten z. B. folgendermaßen lauten:

- Wird die stark kognitivistische Sicht (es geht ja immer um *Urteilsprozesse*) dem Phänomen Stress hinlänglich gerecht? Lazarus selbst witterte da keine grundsätzlichen Probleme. Ganz im Gegenteil: Er hat das vorgestellte Modell später sogar zu einer allgemeinen Theorie der Emotionsentstehung ausgeweitet (»Gefühle« sind demnach Begleitsensationen von Informationsverarbeitungsprozessen; vgl. Lazarus, 1991).
- Stress ist bekanntlich kein exklusiv *menschliches* Phänomen. Inwiefern ist das Lazarus-Modell mit der biologischen Stressforschung im subhumanen Bereich kompatibel?
- Passt das Postulat einer vorgängigen Bedeutsamkeitsabschätzung (*primary appraisal*) durchweg zur Verlaufscharakteristik einer Reaktion, die auf schnellstem Wege den organismischen Notfallbetrieb ermöglichen soll? Ein Unfall z. B. wird schließlich nicht erst dann zum Auslöser einer Stressreaktion, wenn er im akuten Geschehen vom Betroffenen als einigermaßen verheerend (und also relevant) wahrgenommen oder »eingeschätzt« wurde.

Dies ist nicht der Ort, solche Diskussionen zu vertiefen, sehr wohl aber der Ort, um die Kernauskünfte des Abschnitts zu einer Arbeitsdefinition von Stress zu verdichten, an der wir uns für Erörterungen in den nächsten Kapiteln orientieren wollen. Als Stress sei ein unangenehmer Spannungszustand bezeichnet, der eintritt, wenn eine persönliche bedeutsame, aber stark aversive Situation der eigenen Kontrolle entgleitet oder zu entgleiten droht (vgl. Litzke, Schuh & Pletke, 2013; Renneberg, Erken & Kaluza, 2009). Dabei ist es übrigens oft nachrangig, ob man faktisch die Kontrolle hatte oder sich das lediglich einbildete. Solange wir davon überzeugt sind, die Dinge völlig im Griff zu haben, branden die Stress-Wellen im Alltag kaum allzu hoch. Wahrscheinlich wähnen wir uns häufiger als »Herr der Lage«, als das

1 Grundkonzepte der Gesundheitsforschung

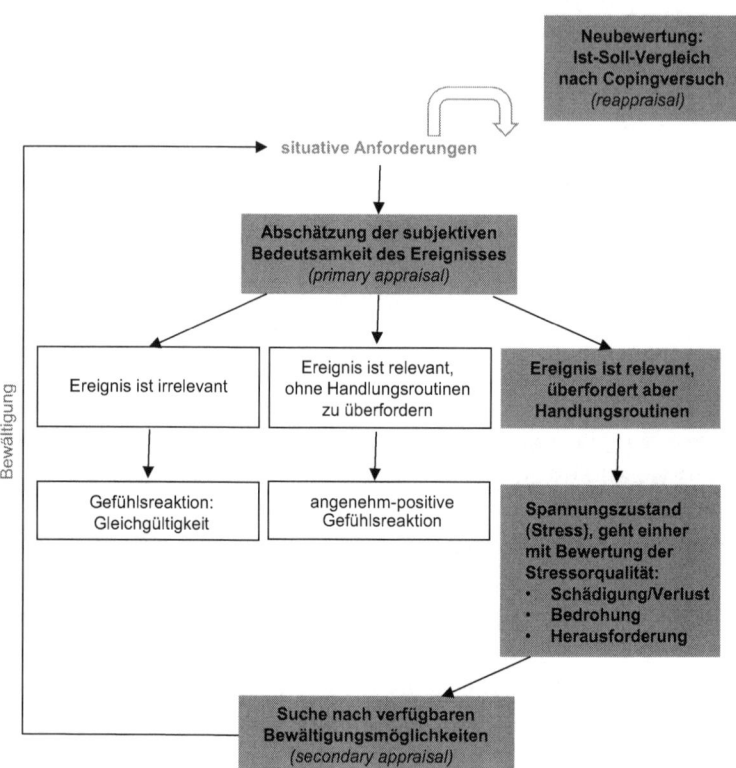

Abb. 1.1: Transaktionales Stressmodell nach Lazarus

bei Auswertung aller Informationen zutreffen würde (vgl. Ehrenreich, 2018). Gewisse Formen der Selbsttäuschung sind tatsächlich gesund oder wenigstens stressmindernd (Taylor & Brown, 1988; Colvin & Block, 1994). Es besser und genauer zu wissen, heitert den Erwartungshorizont nicht unbedingt auf, es lähmt uns mitunter sogar. Das hatte wohl auch der Dramatiker Heiner Müller im Blick, als er eine gesundheitswissenschaftlich bislang wenig anerkannte Definition von Optimismus aus dem Ärmel seines tiefschwarzen Jacketts schüttelte: »Optimismus ist Mangel an Information« (Müller, zit. nach Grünbein, 2000,

S. 113).[8] Autobiographische Befangenheiten und Rücksichten durchkreuzen die schonungslose Dauer-Konfrontation mit »harten Fakten« und der Beschränktheit eigener Mittel aber meist erfolgreich. Wie lästerte Karl Kraus: »Sich keine Illusionen mehr machen: da beginnen sie erst« (Kraus, 1974, S. 41).

---

[8] Wer sich mit solch düster-schwarzhumorigen Einschätzungen (z. B. für bunte Abende auf Kreuzfahrtschiffen) aufmunitionieren möchte, wird bei Heiner Müller allenthalben fündig. Legendär ist z. B. seine Einlassung, er sei ein unverbesserlicher Geschichtsoptimist: Er glaube nicht nur an den dritten, sondern sogar an einen vierten Weltkrieg (vgl. Müller, 1991, S. 107). In der Müllerschen Optimismus-Definition hallt übrigens wohl eine Zeile aus einem bekannten Brecht-Gedicht nach (»An die Nachgeborenen«): »Der Lachende/ Hat die furchtbare Nachricht/ Nur noch nicht empfangen« (Brecht, 1939/1997, Bd. III, S. 349).

2

Zur Gesundheitssituation im Lehrerberuf

2.1 Anmerkungen zu Strukturbesonderheiten des Tätigkeitsfeldes

Dass Lehrkräfte einen belastungsintensiven Job ausüben, ist keine Befürchtung, die erst neuerdings gehegt wird. Philipp Melanchthon bescheinigt Pädagogen schon 1533, allen Grund zu haben, den von den Göttern gestraften Sisyphos um sein kräftezehrendes Los zu beneiden:

»Wie viel größer nämlich ist die Aufgabe des Lehrers als die des Sisyphos? Und trotzdem gibt es nicht mehr Lohn für seine Mühe! Jener hat bloß die

2.1 Anmerkungen zu Strukturbesonderheiten des Tätigkeitsfeldes

Mühe, den Stein zu wälzen, und leidet dabei keine Sorge. Bedenke dagegen, wie mannigfaltig die Aufgaben des Lehrers sind!« (Melanchthon, 1533/ 2015, S. 13)

In abweichender Tonalität, aber mit ähnlicher Stoßrichtung argwöhnt Sigmund Freud, schulpädagogische Arbeit gehöre neben Politik und Psychotherapie zu den »unmöglichen Berufen«, zu den Berufen mithin, »in denen man des ungenügenden Erfolgs von vornherein sicher sein« könne (Freud, 1937/1999b, Bd. XVI, S. 84). Gesagt, nicht gezagt: Freud hadert hier weniger mit Sinn und Wert beruflicher Anstrengungen überhaupt als mit der blauäugigen Vorstellung, die genannten Beschäftigungen seien Standardjobs mit unumstößlichen Regularien und Gleichmaßgarantie. Die Uhren tickten dort buchstäblich anders. So müsse man sich mit der Tatsache arrangieren, dass man in den drei Feldern eigentlich nie fertig werde. Für unaufschiebbar Gehaltenes wird anderer Dringlichkeiten wegen stetig vertagt. Während man die eine Scharte auswetzt, zerschrammt bereits die nächste die übervolle Agenda. Problemlöseversuche werden beharrlich nachjustiert, ohne dass man Haupt- und Nebenfolgen der eigenen Bemühungen gänzlich in der Hand hätte. Kurz: Irgendetwas ist immer. Die drei Berufe eint ihre prinzipielle Offenheit. Das Gefühl des Unabgeschlossenen und Fragmentarisch-Vorläufigen wird zusätzlich dadurch genährt, dass in den erwähnten Tätigkeitsgebieten viele, zum Teil konträre Erwartungen gleichzeitig erfüllt werden sollen. Politiker haben auf Dauer einen Platz zwischen den Stühlen gepachtet, weil sie bloß im seltensten Fall allen Wünschen Rechnung tragen können. Psychotherapeuten müssen zwischen dem Interesse von Patienten und Angehörigen an schneller Symptomlinderung, dem »Anspruch« der Gesellschaft auf baldige Wiederverfügbarkeit eines dann alltags- und berufstüchtigen Mitglieds und den Erfordernissen einer wahrscheinlich langwierigen und konfliktträchtigen Behandlung vermitteln. Die Arbeit von Lehrkräften ist »offen« in mindestens dreierlei Hinsicht:

- **Ergebnisoffenheit der Bildungsarbeit.** Was in Klassenräumen zwischen Stunden- und Pausenklingeln geschieht, ist von einer Dynamik, die nicht allein von der Lehrkraft gesteuert wird. Unterricht kann schwerlich nach Rezeptblock und mit garantierten Wissenszuwachsraten geplant werden. Pädagogen schaffen Lerngelegenheiten, die je nach kognitiven, motivationalen und emotionalen Voraussetzungen *der Schüler* unterschiedlich ausgeschöpft werden. Das Verhalten der Schüler dürfte wiederum auf Qualität und Quantität der Lernangebote zurückwirken. Bildungsforscher deklinieren solche wechselseitigen Bezüge und Interaktionsprozesse meist im Rahmen des so genannten *Angebots-Nutzungs-Modells* der schulischen Leistungsentwicklung durch (vgl. Kunter & Trautwein, 2013; Lipowsky, 2015; Kohler & Wacker, 2013). Die Komplexität der Angelegenheit wird gut greifbar in einer launigen Bemerkung, die schon Powerpoint-Folien etlicher Lehrerfortbildungen und Tagungseröffnungen geziert haben dürfte: »Der Lehrer hat die Aufgabe, eine Wandergruppe mit Spitzensportlern und Behinderten bei Nebel durch unwegsames Gelände in nordsüdlicher Richtung zu führen, und zwar so, dass alle bei bester Laune und möglichst gleichzeitig an drei verschiedenen Zielorten ankommen« (Müller-Limmroth, zit. nach Gaydan, 2008, S. 290).
- **Offenheit individueller Arbeitsstrukturen.** Lehrkräfte sind in einem Beruf mit *zwei Arbeitsplätzen* tätig. Ein zentraler (und für andere gut sichtbarer) Teil der Arbeit wird in der Schule abgewickelt (Unterricht; Lehrerkonferenzen; Veranstaltungen; Elterngespräche und Elternabende etc.; siehe nachfolgenden Punkt). Ein zweiter Teil bleibt Beobachtern eher verborgen. Er ereignet sich am heimischen Schreibtisch bei Vor- und Nachbereitung des Unterrichts (Korrekturarbeiten; Erstellung von Unterrichtsentwürfen; Zeugnisse schreiben; eigene Fortbildung etc.). Verliert man den zweiten Schwerpunkt aus dem Blick, unterlaufen schnell Fehleinschätzungen des Beschäftigungsvolumens. Eine Großzahl empirischer Studien erhärtet, dass im Lehrerberuf nicht weniger gearbeitet wird als anderswo – ganz

2.1 Anmerkungen zu Strukturbesonderheiten des Tätigkeitsfeldes

im Gegenteil. Die Autoren einer Meta-Analyse zum Thema veranschlagen die durchschnittliche Wochenarbeitszeit auf 48 Stunden und 18 Minuten. Fast jede fünfte Lehrkraft investiert gar noch deutlich mehr Zeit in Jobbelange (Hartwig & Mußmann, 2018; vgl. ferner Dorsemagen, Lacroix & Krause, 2013). Das reale Arbeitszeitaufkommen übersteigt demnach das Pflichtdeputat des öffentlichen Dienstes. Dass Berufsangelegenheiten de facto an zwei Arbeitsplätzen zu managen sind, hat selbstverständlich Implikationen für die Beurteilung von Belastungs- und Gesundheitsrisiken. Mit der für die Erfüllung des Pflicht-Solls unabdingbaren Organisationsvariante »Home-Office« (Wer hat als Lehrkraft schon ein eigenes Büro in der Schule?) verflüssigen sich die Grenzen zwischen Arbeit und Freizeit, zwischen Dienst- und Privatsphäre nahezu zwangsläufig. Bessere Aussichten auf eine lange Verweildauer im Job bei guter Leistungsfähigkeit und hoher Zufriedenheit wird derjenige haben, der besagte »Grenze« soweit befestigen kann, dass Arbeitsobliegenheiten andere Lebensbereiche nicht ständig beeinträchtigen.

- **Agieren auf »offener Bühne«.** Das Unterfangen, über Anforderungen des Lehrerberufs zu reden, ähnelt in gewisser Weise dem Vorhaben, mit angeknipster Taschenlampe einen bereits voll ausgeleuchteten Raum illuminieren zu wollen. Dieses Bild ist stimmig, zumal, wenn der besagte Raum das Klassenzimmer ist, also der erste der »zwei Arbeitsplätze«. Wenig, was aufwendig ans Licht zu zerren wäre, kein »Professionsgeheimnis«, das jenseits des problemlos Beobachtbaren erst mühsam gelüftet werden müsste wie bei einer Zaubershow: Zu guten Teilen herrscht freie Sicht auf das, was Lehrkräfte tun oder lassen. Lehrersein ist – nicht nur weil es in einem Groß-Sektor des öffentlichen Dienstes stattfindet – eine hochgradig öffentliche Angelegenheit. Kaum eine andere Beschäftigungsgruppe (in Deutschland derzeit immerhin 950 000 Personen stark) absolviert ihr Hauptarbeitspensum vor solch einem großen Publikum (vgl. Blossfeld et al., 2014, S. 47f.). Jeder – auch jede spätere Lehrkraft – zählte einmal zu einem speziellen Segment jenes Publikums: zur Schülerschaft. Der typische Schüler verlebt nach vorsichtigen Schätzungen etwa 15000 Stunden in der Schule und sammelt dabei eine Vielzahl von Erfahrungen mit den unterschiedlichsten Vertretern der Lehrprofession (vgl. Rutter, Maughan, Mortimore & Ouston, 1980). Die Verbindungen zum Berufsfeld sind meist selbst nach Ende der Schulzeit keineswegs gekappt. Ob als Elternteil, als Verwandter oder Bekannter von Schulpflichtigen, als aufmerksamer Beobachter der Bildungsdebatte, vielleicht gar von Berufs wegen: Man bleibt in Fühlung mit dem Thema Lehrerarbeit (selbst wenn je nach Perspektive und Kontext ganz unterschiedliche Erwartungshaltungen im Spiele sind, die zuweilen konflikthaft aufeinander prallen[9]). Angesichts dessen stutzt man darüber, wie tief bestimmte Vorurteile gegenüber der Beschäftigungsgruppe eingefleischt sind. Das fängt bei der gern kolportierten Mär vom »Halbtagsjob mit Dauerferien« an und endet längst nicht bei Witzeleien über den als anstrengend empfundenen Berufshabitus (»Lehrer als ewige Besserwisser«). Hier scheint jedoch das Pendel der öffentlichen Wahrnehmung umzuschwingen. Lehrkräfte rangieren mittlerweile in der Achtung weiter Bevölkerungskreise vor Rechtsanwälten, Politikern und Unternehmern (vgl. Institut für Demoskopie Allensbach, 2011). Das muss nun nicht von einer

---

9 Solche Spannungsverhältnisse, die man nie völlig auflösen oder wegglätten kann, sind übrigens auch Gegenstand eines prominenten Versuches, Spezifika des Lehrerberufs begrifflich zu fassen. In seinem strukturtheoretischen Ansatz schildert Werner Helsper (1996, 2000) mehrere derartige Antinomien (Grundkonflikte): z. B. die Nähe-Distanz-Antinomie (Lehrkräfte sollen intensiv auf Schüler eingehen und müssen doch professionellen Abstand wahren), die Antinomie von Einheitlichkeit und Differenz (alle Schüler müssen gleich behandelt werden, zugleich soll ihnen individuelle Förderung angedeihen) und die Antinomie von Autonomie und Heteronomie (Kinder und Jugendliche sollen trotz aller Abhängigkeiten und Fremdbestimmungszwänge der Schülerrolle zu Selbstbestimmung und Unabhängigkeit erzogen werden).

2.1 Anmerkungen zu Strukturbesonderheiten des Tätigkeitsfeldes

wirklichkeitsgetreueren Sicht auf den Beruf künden, zollt aber immerhin den Anstrengungen um Bildung und Erziehung unter gesellschaftlich schwieriger werdenden Bedingungen Anerkennung (und verrät am Rande möglicherweise etwas über Imageverschlechterungen bei den genannten Vergleichsstichproben).

Nebenher: Zur Frage des Lehrer-Images und seiner Indikator-Funktion für bewusste und unbewusste Strömungen des gesellschaftlichen Diskurses lässt sich immer noch mit Gewinn in dem berühmten Adorno-Essay »Tabus über den Lehrerberuf« (1965) schmökern. Bemerkenswert ist der Aufsatz auch deshalb, weil man dort einen Hauptprotagonisten der Kritischen Theorie bei einer unerwarteten Selbstbezichtigung »ertappen« kann: »Ich geniere mich nicht, insofern mich als reaktionär zu bekennen, als ich es für wichtiger halte, dass Kinder auf der Schule gut Lateinisch, womöglich lateinische Stilistik lernen, als dass sie törichte Klassenreisen nach Rom machen, die wahrscheinlich meist nur in allgemeiner Magenverstimmung enden, ohne dass sie etwas von Rom erführen« (Adorno, 1965/ 1982, S. 84f.).

Bei alldem sollte »Offenheit« nicht mit »Beliebigkeit« verwechselt werden. Trotz etlicher Freiheitsgrade, die eine Lehrkraft bei der Ausgestaltung ihrer Aufgaben hat, bewegt sie sich in einem stark durchreglementierten Gesamtkontext (Bildungspläne und -ziele sind verbindlich festgeschrieben; terminliche Rahmenvorgaben für das Schuljahr und Stundenpläne takten zu guten Teilen die Nutzung von Raum und Zeit vor; Lehrer sind durch eine Vielzahl rechtlicher und bürokratischer Vorschriften gebunden etc.). Mit Bedacht spricht denn z. B. Rothland (2013, S. 25) von einer »Schwebelage zwischen Reglementierung und ›pädagogischer Freiheit‹«, die für den Lehrerberuf typisch sei. Diese »Schwebelage« wird berufsbiographisch übrigens nicht durch die Option einer echten Karriereplanung geerdet. Mit Ausnahme des Umstiegs auf die administrative Ebene (z. B. kraft Übernahme des Schulleiteramtes) haben Lehrkräfte kaum die Chance, »Karriereleitern«

hochzuklimmen. Unterschiede in der Bezahlung sind an die Anzahl der Berufs- und Ausbildungsjahre (und damit an die Wahl eines Schultyps) gekoppelt, nicht jedoch an Unterschiede im Engagement und in der Aufgabenerledigung.
Was sind das nun im Einzelnen für Berufsaufgaben, die Lehrkräfte zu stemmen haben? Ein Papier der Kultusministerkonferenz hat die Anforderungen bündig kanonisiert (vgl. KMK, 2000). Danach ist jede Lehrkraft für sechs Domänen zuständig:

- Unterrichten (Organisation und Gestaltung von schulischen Lerngelegenheiten nach Maßgabe von Bildungs- und Lehrplänen des jeweiligen Faches)
- Erziehen (Einübung von Regeln und Regelbewusstsein für eine gedeihliche Teilhabe am gesellschaftlichen Leben)
- Beurteilen (Feststellung, Einordnung und Rückmeldung von Lern- oder Entwicklungsständen mit dem Ziel, die individuelle Förderung von Schülern zu optimieren)
- Beraten (adressatengerechte Unterstützung bei anstehenden Entscheidungen für Schullaufbahn, Fördermaßnahmen oder Problembearbeitungen)
- Weiterentwicklung der eigenen Kompetenzen (fortlaufende Professionalisierungsanstrengungen in fachlichen und außerfachlichen Kontexten)
- Weiterentwicklung der eigenen Schule (aktive Teilnahme an Organisationsentwicklungsprozessen)

Was gerade fein säuberlich in Aufzählungspunkte aufgespalten wurde, ist in der Berufspraxis vielfach miteinander verquickt. So verschmelzen Unterrichten und Erziehen oft zu einer Handlungseinheit. Und selbstredend bleibt Beurteilen ein integraler Bestandteil des Unterrichtsgeschehens. Die Liste solcher Überschneidungen ließe sich problemlos verlängern. Das Kerngeschäft einer Lehrkraft aber ist das Unterrichten. Auf diesen Punkt hin verjüngen sich perspektivisch alle Anforderungslinien des Jobs. Unterrichten – das heißt nach neueren Befunden der empirischen Lehr-Lernfor-

2.1 Anmerkungen zu Strukturbesonderheiten des Tätigkeitsfeldes

schung im besten, im gelingenden Falle: Fachthemen so zu moderieren, dass Schüler und Schülerinnen zu aktiver Beteiligung an der Bildungsarbeit angeregt werden; Lernstand und -fortschritte zu erkennen und jene Informationen gezielt für das weitere Vorgehen zu nutzen; in Lernprozessen individuelle Hilfestellung zu leisten und Klassen störungspräventiv zu führen (vgl. Gold, 2015; Kunter & Trautwein, 2013; Seidel, 2014). Auf all das soll ein Lehramtsstudium systematisch und mit wohl erprobtem Curriculum vorbereiten.

Gleichwohl bleibt festzuhalten, dass für berufliche Bewährungsaussichten neben Kompetenzen, die in akademischen Lernprozessen prinzipiell erwerbbar sind, Merkmalskonstellationen eine Rolle spielen, die durch universitäre Ausbildungsstandards kaum abgedeckt, geschweige denn grundstürzend »umgekrempelt« werden können. Das sei exemplarisch an drei Punkten erläutert:

- Wer fachlich glänzt und fachdidaktisch zu punkten weiß, hat längst noch keine Garantie, im und mit dem Beruf glücklich zu werden. Lehrkräfte, die nach arbeitsreichen Jahren resigniert ihre Berufswahl bereuen, strauchelten selten über die rein kognitiven Anforderungen des Jobs. Was die schiefe Ebene, auf der manche mühsam balancieren, weiter »anschrägt«, sind Fragen der Beziehungsgestaltung im schulischen Feld. Unsicherheiten, Ängste, kommunikative Ungeschicklichkeiten und Fehlerwartungen im Umgang mit Schülern, Eltern oder Kollegen können sich über die Zeit zu ernsthaften Gesundheitsproblemen aufschaukeln (vgl. Schaarschmidt & Kieschke 2007; Lehr, 2014). Das, was Lehrkräften abverlangt wird, setzt ein gerüttelt Maß an *sozialer Kompetenz* voraus. Sie sollen Gegensätze gekonnt überbrücken, Konflikte schlichten und mit Widersprüchen konstruktiv umgehen (was einschließt, sie zuweilen simpel auszusitzen). Einerseits sind Rücksichtnahme und kommunikative Sensibilität gefragt, andererseits muss man im Zweifelsfall offensiv Stellung beziehen können. Beiden Ansprüchen im Kontakt mit den verschiedensten Bezugsgruppen halbwegs zu genügen, ist eine enorme Herausforderung.

2 Zur Gesundheitssituation im Lehrerberuf

♦ Personen, die durch Trubel, Ereignisdichte und Entscheidungsdruck leicht zu entmutigen sind, denen es folglich an *psychischer Stabilität* mangelt, haben schlechte Karten in einem Tätigkeitsfeld, das – ob nun vollauf berechtigt oder nicht – mit dem eines Fluglotsen verglichen wurde. Nach Sieland (1999) hat eine Lehrkraft in sechs Stunden Unterricht mehr als 5000 Entscheidungen zu fällen – ähnlich viele eben wie ein Fluglotse in derselben Zeit. Die »Bruchlandungen«, die ein Lehrer durch Fehlentscheidungen zu verantworten hat, sind freilich meist von einem harmloseren Zuschnitt als das, was im Tower eines Flughafens durch Falscheinschätzungen angezettelt worden wäre. Klar jedoch ist: Wer unter Stress schnell den Kurs verliert, hat nicht nur in der Luftfahrt wenig Kredit als »Navigator«. Um sich auf Dauer im Beruf zu behaupten, bedarf es der Fähigkeit, trotz simultaner Anforderungen und vielfältiger Ablenkungsgelegenheiten konzentriert bei der Sache zu bleiben.

♦ Niemand wird Ärgernisse und Frustrationen, die einen im Alltagsgeschäft mit einer gewissen Zwangsläufigkeit ereilen, vollends an sich abtropfen lassen können. Derjenige, der solche Irritationen alsbald »wegzublinzeln« vermag, um den Kopf wieder für anderes frei zu haben, genießt unstrittig einen Vorteil. Wer angesichts eines Abgrunds eher eine Brücke imaginiert als gedanklich die Tiefe des Sturzes auszuloten, zeigt in starker Ausprägung das, was Psychologen als *Tendenz zur offensiven Problembewältigung* beschreiben (vgl. Schaarschmidt & Fischer, 2003)[10].

Die drei grob skizzierten Beispielfälle haben einen gemeinsamen Nenner. Sie alle bringen Aspekte der *Persönlichkeit* zur Sprache. Während der Terminus in Alltagszusammenhängen oft mit Wer-

---

10 Unsere Formulierung nimmt eine berühmte Bemerkung Paul Valérys über Leonardo da Vinci auf: »Ein Abgrund ließe ihn an eine Brücke denken. Ein Abgrund wäre geeignet, einen großen Maschinenvogel auszuprobieren« (Valéry, 1992, Bd.VI, S.75).

2.1 Anmerkungen zu Strukturbesonderheiten des Tätigkeitsfeldes

tungen aufgeladen ist (»Jemand hat eine starke oder ist eine echte Persönlichkeit«), handhaben Psychologen das Konzept um einiges nüchterner. Sie definieren Persönlichkeit als die Gesamtheit jener Merkmale des Erlebens und Verhaltens, in denen sich Menschen über längere Zeiträume hinweg stabil voneinander unterscheiden (vgl. Neyer & Asendorpf, 2018). Nun schürt die Bezugnahme auf Persönlichkeitsvariablen in Lern- und Lehrkontexten zuweilen Unmut, weil mit »Persönlichkeit« meist Attribute wie »angeboren« und »veränderungsresistent« verwoben sind (vgl. etwa Haag & Lohrmann, 2006, S. 618; Oser, 2001, S. 79ff.). Solche Einwände perlen am persönlichkeitspsychologischen Begriffsverständnis jedoch weitgehend ab. Stabilität z. B. bedeutet dort keineswegs, Merkmalsausprägungen seien dauerhaft auf einem gegebenen Niveau regelrecht »festgefroren«. Der naheliegende Schluss, Stabilität sei das gleiche wie Konstanz (ergo: Unveränderlichkeit) und insofern der Gegenbegriff zu Entwicklung, wird von der wissenschaftlichen Persönlichkeitsforschung ausdrücklich verworfen (vgl. Specht, 2017, 2018; Wrzus & Roberts, 2017). Psychologen haben mit dem Stabilitäts-Postulat etwas wesentlich Unspektakuläreres im Auge. Erwartet wird lediglich, dass sich einmal festgestellte Personenunterschiede in späteren Messungen ähnlich wieder durchpausen lassen. Die Untersuchten »verteidigen« folglich ihre relative Stichprobenposition. Probanden, die bei einer ersten Messung im oberen Drittel des Gruppenspektrums verortet wurden, sollten bei einer Wiederholungsmessung nicht ins untere Drittel derselben Stichprobe wegdriften, während Personen, die zunächst sehr schlecht abgeschnitten haben, die ursprünglich besseren Untersuchungsteilnehmer plötzlich überflügeln! Das ist eine durchaus realistische Erwartung und im Übrigen sehr wohl mit individueller Veränderung vereinbar. Wäre für jeden Probanden bei unterschiedlichen Ausgangswerten in einer zweiten Leistungsmessung ein Zugewinn von fünf Punkten zu verbuchen, hätten sich alle verbessert (also verändert)[11]. Die Gesamtrangfolge und die Größe des Abstandes zwischen den einzelnen Studienteilnehmern blieben davon vollkommen unangetastet. Kurzum, die Stabilität der Unterschiede wäre ohne Abstriche bestätigt (just wie es die Persönlichkeitspsychologie fordert, die hierfür den Einzelfall nicht isoliert, sondern jeweils in Relation zum Rest der Untersuchungsgruppe beurteilt)[12]. *Kompetenzen* (verstanden als Problemlösetüchtigkeiten) sind übrigens nach den beschriebenen Maßgaben in der Regel nicht weniger stabil als andere Persönlichkeitsmerkmale. Versuche, eine echte semantische Demarkationslinie zwischen den Attributen »Kompetenz« und »Personeneigenschaft« (engl.: Trait) zu stricheln, indem man auf *prinzipielle* Stabilitätsunterschiede rekurrierte, hätten aus fachpsychologischer Sicht ähnlich geringe Zustimmungschancen wie die Behauptung, »Kompetenzen« seien *von vornherein* lernabhängiger und freier von genetischen Prägungen als der große Rest der bekannten Persönlichkeitsvariablen. Beide Begriffe sind und bleiben *Dispositionsprädikate* (▶ Infobox 3), obschon manche Texte den Eindruck erwecken, wer die Vokabel »Kompetenz« konsequent gebrauche, hätte die Tür zu anderen pädagogischen Einflussmöglichkeiten aufgestoßen als der »Ewig-Gestrige«, der weiterhin von Persönlichkeitsmerkmalen »schwafle«. Am Ende dürften die Differenzen zwischen den gemeinten Aspekten kleiner sein, als es die konzeptkritischen Stellungnahmen derer vermuten lassen, die aus welchen Gründen auch immer mit dem persönlichkeitspsychologischen Diskurs fremdeln.

---

11 Der Einfachheit halber sei unser Beispielszenario nur von Beispiel-Personen bevölkert, die von der ersten zur zweiten Leistungsmessung noch ein Verbesserungspotential von mindestens fünf Punkten hatten, nicht also bereits in der ersten Testung am Extremkriterium »volle Punktzahl« kratzten.

12 Stabilitätsnachweise sind häufig nicht ganz so perfekt gelagert wie in unserem Beispiel. Menschen entwickeln sich in vielen Merkmalsdomänen *unterschiedlich*, erfahren Einbußen oder Zugewinne ergo in variablen Größenordnungen. Trotzdem können selbst über Zeitintervalle von 30 Jahren hinweg erstaunlich hohe Merkmalsstabilitäten im oben erörterten Sinne ermittelt werden (vgl. Roberts & DelVecchio, 2000).

2.1 Anmerkungen zu Strukturbesonderheiten des Tätigkeitsfeldes

Infobox 3: Zum psychologischen Dispositionsbegriff
»Dispositionen« sind Hintergrundvariablen aktuellen Handelns, Denkens und Fühlens, die der Beschreibung, Erklärung und Prognose der *systematischen* wechselseitigen Abhängigkeiten von Verhalten und Umwelt dienen (vgl. Hermann, 1991; Mischel & Shoda, 1995; Vetter & Schmid, 2014). Der Terminus »Persönlichkeitsdisposition« umreißt die Tendenz, unter bestimmten Umständen mit einer gewissen Regelhaftigkeit zu bestimmten Aktionen und Reaktionen zu neigen. Er hebt also auf *wahrscheinliche* Wenn-Dann-Bindungen individuellen Erlebens und Verhaltens ab. Der englische Philosoph und Verhaltenstheoretiker Gilbert Ryle hat das konsequent zu der Annahme ausformuliert, jedes Dispositionsprädikat (sprich: jede Zuschreibung von Persönlichkeitseigenschaften) lasse sich in eine Reihe anschaulicher »Wenn ..., dann ...«-Sätze auseinanderpflücken (vgl. Ryle 1949/1997, S. 155ff.). Wird jemandem ein Persönlichkeitsmerkmal in einzelfalltypischer Ausprägung zugerechnet, so bedeutet dies nach Ryle im Kern, Umstände (»Wenn-Bedingungen«) auflisten zu können, in denen einige (vorab zu definierende) Verhaltensweisen eher beobachtbar sein sollten als andere (»Dann-Erwartungen bzw. -Wahrnehmungen«). Um es an einem Beispiel zu erläutern: Bescheinigen wir einer Person X große Schüchternheit, müsste die Dann-Verknüpfung zur Situationsangabe »Wenn vor großem Publikum das Wort ergriffen werden soll ...« eher auf den Beobachtungsbefund »... lehnt X dankend ab und errötet.« als auf die Variante »... tänzelt X leichtfüßig aufs Podium und improvisiert mit sicherer Stimme eine zwanzigminütige Ansprache voller Witz und Biss.« verweisen.

Aus der Ryle'schen Argumentation ist nebenbei auch zu lernen, dass in jeder Zuschreibung von Persönlichkeitseigenschaften bereits Anhaltspunkte für situative Auslöse- oder Anregungskonstellationen inklusive sind (nämlich im »Wenn-Teil« der Konditionalsätze, die hinter jedem Dispositionsprädi-

> kat stehen); anders scheint eine sinnvolle Rede über Persönlichkeit gar nicht möglich zu sein.

Stabile Unterschiede in »soft skills« (Merkmale des Selbstmanagements und des Sozialverhaltens jenseits von Wissen und technischen Fertigkeiten) sind »hard facts« auch für Leistungs- und Zufriedenheitsbilanzen im Beruf. Lehrkräfte können da gewiss nicht als Ausnahmen von der Regel herhalten. Ganz im Gegenteil: Gerade weil der Lehrerberuf trotz reglementierender Vorgaben eine relativ offene Struktur hat (siehe oben), färbt die Unterschiedlichkeit der Akteure Verlauf und Ergebnisse von Bildungsarbeit ein. Zwei identisch ausgebildete Lehrkräfte erzielen bei Vermittlung des gleichen Stoffes in den gleichen Schülergruppen unter Umständen abweichende Lernresultate. Ausschlaggebend sind da möglicherweise weniger allgemeine Konzepte (Frontalunterricht vs. Gruppenarbeit etc.) und Strukturen (Klassengröße oder -komposition z. B.) als vielmehr die Passung zwischen dem individuellen Stil des Lehrerhandelns und den Bedarfslagen der Schülerinnen und Schüler. Die viel zitierte Übersichtsstudie John Hatties (2017) zu Merkmalen erfolgreichen Unterrichts gewichtet jedenfalls die »persönliche Note« des Vorgehens in Stoffvermittlung und Lernstandsüberprüfung stärker als etliche Rahmenfaktoren schulischen Alltags. Auf die einzelne Lehrkraft komme es an (zu dieser ebenso griffigen wie zutreffenden Formel wird die Befundzusammenschau Hatties ja meist verknappt; vgl. für eine durchaus gebotene kritische Auseinandersetzung mit der Hattie-Studie: Terhart, 2013)!

Mit dem Verweis auf die Relevanz des persönlichen Faktors im Berufshandeln soll freilich nicht die Idee des »geborenen Lehrers« und »Schülerflüsterers«, der charismatischen Leitfigur im Klassenzimmer wiederbelebt werden, wie sie in manchen Zuspitzungen und Idealisierungen durch ältere Texte geisteswissenschaftlicher Pädagogik irrlichtert (z. B. Spranger, 1958). Genauso wenig wollen wir durch die Hervorhebung *persönlicher* Handlungsvoraussetzun-

2.1 Anmerkungen zu Strukturbesonderheiten des Tätigkeitsfeldes

gen und Verantwortungsmomente Sachzwänge und die »Macht der Situation« wegschwärzen – als sei es völlig egal, unter welchen Umständen und mit welchem Know-How jemand tätig wird. Niemand wird sich auf derart abenteuerliche Thesen versteifen. Es ist indes zu bedenken, dass eine Fokussierung auf *Rahmenbedingungen* des Unterrichts (Lehrmittelausstattung; baulicher Zustand von Räumen; Klassengröße etc.) längst nicht ausreicht, um Unterschiede in Lernerfolgen der Schülerschaft oder in der Berufszufriedenheit der Lehrerschaft zu erklären. Augenmerk gebührt überdies den *Ausgangsbedingungen* auf Schüler- *und* auf Lehrkraftseite. Persönlichkeitsmerkmale sind prominente Beispiele für besagte Ausgangsbedingungen. Bestimmte Ausprägungen in jenen Merkmalen erleichtern die Bewältigung von Herausforderungen, andere bremsen sie eher aus (vgl. Cramer & Binder, 2015; Mayr, 2014, 2016). Das ist nicht zuletzt im Hinblick auf gesundheitliche Konsequenzen von Interesse. Effekte institutioneller Rahmen- und personaler Ausgangsbedingungen sind dabei teilweise komplex ineinander verschachtelt. Gleiche Ausgangsbedingungen auf Personenseite führen unter unterschiedlichen Rahmenbedingungen zu verschiedenartigen Ergebnissen. Unterschiede in personalen Ausgangsbedingungen werden unter optimalen Rahmenbedingungen vermutlich weniger deutlich nach außen durchdringen als im Fall ungünstiger Rahmenbedingungen (aber trotzdem nie auf Null schrumpfen).

Die oben betonte »Offenheit« des Berufes und seine sozial-interaktive Anforderungsstruktur sind möglicherweise auch gute Klärungsadressen für ein eher wissenschaftsinternes Problem. Viele Arbeitsstress-Modelle wurden ursprünglich mit starkem Bezug zu *industriell-technischen* Tätigkeitsfeldern aufgegleist. Sie haben daher eine nur eingeschränkte Kompatibilität zum Belastungsspektrum von Lehrkräften, die wesentlich dialogischer und unter größerer Ergebnisunsicherheit agieren als der Durchschnittsangestellte bei Bosch, Daimler, Tesla und Co. Ein Beispiel für solche Modellunschärfen: Arbeitswissenschaftliche Belastungstheorien messen der Frage, wie autonom jemand bei der Verrichtung seiner Aufgaben wirtschaften kann, große Bedeutung bei (vgl. u. a. Karasek & Theorell, 1990; Hackman & Oldham, 1980). Wer viele Freiheitsgrade in der eigenverantwortlichen Planung und Ausführung von Aufgaben hat, die optimaler Weise nicht bloß zu stupiden Wiederholungen und kleinteiligen Zulieferungen ohne den Blick fürs »Große und Ganze« nötigen, profitiert gesundheitlich. Etwas plakativ ausgemalt: Die größeren Entfaltungsmöglichkeiten, die einem Ingenieur im Vergleich zu einem Fließbandarbeiter offenstehen, bescheren von vornherein (und über alle Unterschiede in Ausbildung, Entlohnung etc. hinweg) bessere Gesundheitschancen im Berufsleben. Bleibt man auf dem Weg, der mit dieser Einschätzung vorgespurt ist, gelangt man zu einer klaren Prognose für gesundheitsbezogene Berufsvergleiche. Lehrkräfte, deren Tätigkeit nun zweifelsohne ganzheitlich und in wichtigen Punkten autonom ist[13], sollten gegenüber vielen anderen Beschäftigungsgruppen gesundheitlich im Vorteil sein. Das trifft jedoch nicht zu. Ergebnis etlicher Studien war, dass sich Belastungsrisiken just im Lehrerberuf massiv ballen (vgl. u. a. Blossfeld et al., 2014; Rothland, 2013; Schaarschmidt, 2005; Kieschke & Schaarschmidt, 2008; Harazd, Gieske & Rolff, 2009; OECD, 2005). Ein vielzitierter Artikel bescheidet ganz lapidar, Schuldienst sei »one of the ›high stress‹ professions« (Kyriacou, 2001, S. 29). Selbst wenn man Fragebogenstudien, die vorwiegend *subjektive* Auskünfte aus der Betroffenenperspektive einholen, aus der Analyse aussparte, verblasst der negative Eindruck kaum. So ist die Zahl von Arbeitsunfähigkeitstagen bei Beschäftigten des Bildungswesens weit höher als in vielen Referenzgruppen einschlägiger Statistiken (vgl. BKK Bundesverband, 2012). Die Wahrscheinlichkeit, den Beruf nicht zuletzt wegen psychischer Beeinträchtigungen vor der regulären Altersgrenze zu verlassen, bleibt bemerkenswert – trotz vieler Verwaltungsvorschriften, die eine Entscheidung für einen vorzeitigen Job-

---

13 Lehrer entscheiden letzten Endes allein, mit welchen didaktischen Mitteln eine vorgegebene Unterrichtseinheit zu gestalten ist, und wissen um den Zweck ihres Tuns!

2.1 Anmerkungen zu Strukturbesonderheiten des Tätigkeitsfeldes

ausstieg aus Sicht des Einzelnen eher verteuern (Versorgungsabschläge etc.) oder Alternativlösungen bieten (Stichwort Altersteilzeit). Der Anteil der Frühpensionierungen wegen Dienstunfähigkeit beläuft sich bei Lehrkräften aktuell auf ca. 12 % (Bezugsjahr 2017; vgl. Statistisches Bundesamt, 2018). Zwar ist das um etliches niedriger als der Vergleichswert zur Jahrtausendwende (im Jahre 2000 z. B. lag die entsprechende Frühpensionierungsquote noch bei sagenhaften 64 %; damals drohten freilich geringere Versorgungsabschläge; vgl. Altis, 2011, S. 168). Es wäre jedoch voreilig, dies als Beleg für eine fulminante Verbesserung der Gesundheitssituation abzuheften. Ein ähnlicher Positivtrend ist aus anderen Datenbeständen jedenfalls nicht »herauszupräparieren«. So suchen Lehrerinnen und Lehrer weiterhin häufiger als Vertreter anderer Berufsgruppen Hilfe in psychosomatischen Praxen und Kliniken (vgl. z. B. Hillert & Schmitz, 2003). Zum anderen ritzt man mit der oben zitierten Quote nur die Schale des Problems an, dessen Kern durch weitere Statistiken noch klarer sichtbar wird: Lediglich 28 % der 21400 Lehrkräfte, die 2017 ohne Dienstunfähigkeitsbescheid in den Pensionärsstatus wechselten, waren bis zur gesetzlichen Regelaltersgrenze (65 bzw. 67 Jahre) in der Schule tätig; das Gros der Kolleginnen und Kollegen beantragte eine Versetzung in den Vorruhestand. Verbeamtete Lehrkräfte werden derzeit im Durchschnittsalter von 63,5 Jahren aus dem Dienst verabschiedet (vgl. Statistisches Bundesamt, 2018).

Die Potsdamer Lehrerstudie, um die es in den nächsten Abschnitten vor allem gehen soll, bemühte sich auf einer besonders breiten Stichprobenbasis um ein vertieftes Verständnis des Problemkomplexes. Daten von über 16000 Lehrkräften und – aus Vergleichsgründen – von ca. 8000 Vertretern anderer Berufsgruppen wurden für eine Bestandsaufnahme berücksichtigt, die zugleich Anhaltspunkte für etwaige Unterstützungs- und Optimierungsansätze liefern sollte (vgl. Schaarschmidt, 2005; Schaarschmidt & Kieschke, 2007, 2013). Die Studie näherte sich dem Thema zunächst aus einer stark *persönlichkeitspsychologischen* Perspektive (was selbstredend niemanden zwingt, den Diskussionsradius auf eine pure Verhaltensanalyse unter Absehung von Verhältnisfaktoren zu verkleinern). Bevor wir uns den Einzelheiten zuwenden, ist es deswegen vielleicht ratsam, ein paar grundsätzliche Bemerkungen zur Bedeutung von Persönlichkeitsvariablen in gesundheitswissenschaftlichen Kontexten zwischenzuschalten.

2.2 Exkurs: Persönlichkeit und Gesundheit

Wer sich in Sachen Gesundheit äußert, darf gern auch persönlich werden – zumindest in dem Sinne, dass er Persönlichkeit als relevante Steuergröße für gesundheitliche Entwicklungsverläufe würdigt. Dies muss nun nicht in solch überschwänglichen Stellungnahmen gipfeln, wie sie etwa Arthur Schopenhauer abgab:

»Ist ... aber die Individualität von schlechter Beschaffenheit, so sind alle Genüsse wie köstliche Weine in einem mit Galle tingirten Mund ... was einer in sich ist und an sich selbst hat, kurz die Persönlichkeit und deren Werth, ist das alleinige Unmittelbare zu seinem Glück und Wohlseyn. Alles andere ist mittelbar; daher auch dessen Wirkung vereitelt werden kann, aber die der Persönlichkeit nie« (Schopenhauer, 1991, Bd. IV, S. 322).

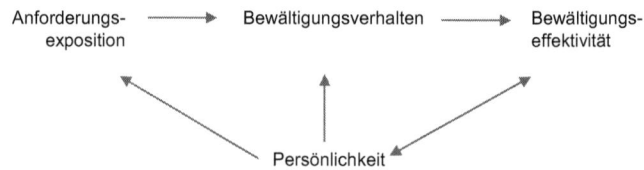

Abb. 2.1: Übersichtsmodell zum Einfluss von Persönlichkeitsvariablen auf verschiedene Aspekte des Gesundheitsgeschehens

Dass Persönlichkeitsfaktoren nennenswerten Einfluss auf Gesundheitschancen haben, ist breit geteilter Konsens in der scientific community (vgl. Bolger & Zuckerman, 1995; Schmitz, Rothermund & Brandtstädter, 1999). Abbildung 2.1 strafft entsprechende Debattenbeiträge zu einem übersichtlichen Schaubild, das wir jetzt kurz kommentieren wollen. Drei Effektstrecken werden in den Blick genommen.

Persönlichkeit und Anforderungsexposition. Zuweilen staunt man über die Folgerichtigkeit, mit der Personen sich immer wieder in ähnliche Umstände und Problemkonstellationen verheddern – ganz, als zögen sie Schwierigkeiten und Anlässe für »Ausgerechnet-mir-musste-das-passieren«-Monologe geradezu magnetisch an. Umgekehrt scheinen andere eine »glückliche Hand« für fast alles zu haben. Entscheidungsoptionen und -zeitpunkte werden günstig gewählt, die Umsetzung einmal ins Auge gefasster Pläne schreitet stetig voran und statt aus dem Ruder läuft vieles rund. Darin waltet nicht allein »blinder Zufall« oder »höheres Geschick«! Wenigstens partiell treten Persönlichkeitseffekte in besagten Ereignisfolgen zutage. Durch das Aufsuchen oder Meiden bestimmter Situationen, durch das Erkennen und Ergreifen (oder eben Nicht-Ergreifen) von Chancen werden biographische Weichenstellungen vorgebahnt, die zwar zunächst komplett »außengesteuert« anmuten, es am Ende aber keineswegs sind. Das Fazit eines Wissenschaftlerteams, das derartige Persönlichkeitsabhängigkeiten für verschiedene Umweltereignisse genauer untersuchte, lautet denn:

»... that life events should not be treated entirely as exogenous shocks to people but that they have also an endogenous component that can be predicted by certain personality traits« (Magnus, Diener, Fujita & Pavot, 1993, S. 1047).

Das ist auch auf das berufliche Belastungsgeschehen übertragbar. Art, Häufigkeit und Dauer von Stressoren werden weder nach Glücksspielmodus »blind« zugelost noch sind sie durch die Arbeitsumwelt in jedem Falle schon ein für alle Mal festgelegt. Wer z. B. Schwierigkeiten in puncto Zeitmanagement hat (sich etwa viel zu viele Termine und Verpflichtungen aufhalst), gerät zwangsläufig öfter und massiver unter Druck als jemand, der fähig ist, Kollegen für Aufgaben miteinzuspannen. Ein weiteres

Faktum gehört hierher. Personen betreiben in unterschiedlichem Maße Vorsorge (sportliche Aktivitäten; Teilnahme an Gesundheitschecks und Impfungen etc.) und pflegen unterschiedliche Formen des Umganges mit Gesundheitsgefahren (Substanzkonsum; Regelkonformität im Straßenverkehr; »Safer Sex« etc.). Habituelle (also persönlichkeitsgebundene) Unterschiede in gesundheitsrelevanten Handlungsweisen beeinflussen selbstredend, ob und wann kritische Ereignisse eintreten (wer mit dem Auto besonders rasant durch die Gegend braust, hat schlicht ein größeres Unfallrisiko; wer sich vor dem Strandgang nicht mit Sonnenschutzcreme einreibt, nimmt ein höheres Hautkrebsrisiko in Kauf, wird folglich eher mit dem Stressor »Hautkrebsdiagnose« konfrontiert etc.).

Persönlichkeit und Bewältigungsverhalten. Die Reizschwellenwerte, oberhalb derer Ereignisse zu echten Stressoren werden, streuen interindividuell recht breit. Art und Stärke des Reagierens sind ebenfalls in hohem Grade personenspezifisch. Von der Persönlichkeit hängt in Teilen nicht bloß ab, wann welche Frage (»Anforderung«) auftaucht, sondern auch, wie sie beantwortet wird. Personen neigen mehr oder weniger deutlich zu bestimmten Bewältigungsstilen, sind also keineswegs grenzenlos flexibel in der Wahl ihrer Stellungnahmen (vgl. Suls, David & Harvey, 1996). Manches Mal werden Stellungnahmen durch die Situation gleichsam schon vorgestanzt. Man redet dann von »situationsspezifischen Reaktionen«, die auf gewisse Reizmuster hin bei fast allen Menschen ähnlich ausgelöst werden (z. B. Angst bei der Konfrontation mit extremen Höhen oder mutmaßlich giftigen Schlangen und Spinnen). Neben solchen »starken Situationen« (wie jene Ereignistypen bei Mischel, 1977, heißen) gibt es »schwache Situationen«, die das Spektrum etwaiger Verhaltensantworten kaum von vornherein ausdünnen. Unter diesen Umständen sollten personale Unterschiede im Bewältigungsverhalten am ehesten sichtbar werden. In der Psychologie differenziert man grob zwischen drei Bewältigungsstilen, die sich im individuellen Fall durchaus vermischen können (vgl. Neyer & Asendorpf, 2018):

2.2 Exkurs: Persönlichkeit und Gesundheit

* **Intrapsychische Bewältigungsstile:** Vor allem Aspekte der kognitiv-emotionalen Innensteuerung rücken unter jenem Label in den Vordergrund. Negative Gefühle und Problemdruck werden gedämpft, indem man die heikle Situation mental neu rahmt (»Uminterpretation«), den Aufmerksamkeitsfokus verschiebt (»an etwas anderes denken«) oder Impulse zur Auseinandersetzung mit den Schwierigkeiten rigoros abwehrt (»Verdrängung«).

* **Problemorientierte Bewältigungsstile:** Die *aktive* und *handlungswirksame* (nicht unbedingt die produktive) Beschäftigung mit dem Stressanlass ist prägend für diese Untergruppe im Klassifikationsschema. Tendenzen, aus der Situation zu fliehen, wären dort genauso einzusortieren wie das faktische Erproben von Problemlöseansätze, die Suche nach sozialer Unterstützung oder die Anwendung von Entspannungstechniken (und nicht zuletzt von Betäubungsmitteln).

* **Ausdruckskontrollstile (expressive Bewältigungsstile):** Es ist primär die vermutete oder gewollte *Außenwirkung* des eigenen Verhaltens, die hier den Umgang mit der Problemlage leitet (wenn dabei die Sachanforderung wie nebenbei gemeistert wird, umso besser). Die Frage danach, wie andere einen wahrnehmen, wird zu einem zentralen Drehpunkt der Handlungsplanung oder schwingt doch bei allen Bemühungen augenfällig mit. Beispiele für entsprechende Verhaltenssequenzen sind jedem vertraut. Wen hätte noch nie die demonstrative Verzagtheit befremdet, mit der Mitschüler oder Kommilitonen ihr vermeintlich schlechtes Abschneiden in der Prüfung bereits im Vorhinein »rechtfertigen«? Mögen solche präventiven Begründungen (»Ich habe kaum geschlafen und mich weniger gut vorbereiten können als auf jede andere Prüfung in meinem Leben.«) nach erfolgreich bestandenem Examen auch ihre Funktion als Entschuldigungsformular für das eigene Versagen einbüßen, so lassen sie den errungenen Erfolg immerhin außergewöhnlich hell strahlen. Trotz erheblicher Handicaps wurde eine Hürde übersprungen!

Persönlichkeit und die gesundheitliche Effektivität des Bewältigungsverhaltens. Ergebnisse von Bewältigungsprozessen divergieren persönlichkeitsabhängig. Der Einsatz ähnlicher Mittel bürgt noch keineswegs für Übereinstimmungen in den Endbilanzen. Die von dem römischen Dichter Terenz stammende Wendung, es sei nicht dasselbe, wenn zwei dasselbe täten[14], bewahrheitet sich regelmäßig. Genauso kann es freilich sein, dass unterschiedliche Handlungsschritte zum gleichen Resultat führen. Es kommt eben immer darauf an – z. B. auf das, was wir unter dem Stichwort Persönlichkeit abzuspeichern haben. Was für den einen funktioniert, ist für den anderen eventuell unpassend. Dazu ein klassisches Beispiel aus der klinischen Bewältigungsforschung (vgl. Lazarus, 1983). Manche Patienten wollen vor operativen Eingriffen lieber nicht so detailliert wissen, was im Einzelnen geschehen wird. Anderen ist eher mit einer offensiven Herangehensweise gedient. Ihnen hilft es, über das Bevorstehende sehr kleinteilig im Bilde zu sein. Während ein Zuviel an Informationen in der einen Patientengruppe die Sicht der Dinge unnötig verdüstert, facht in der zweiten gerade das »gefühlte« Zuwenig an Informationen Befürchtungen an. Es wäre demnach schwierig, ein bestimmtes Bewältigungsverhalten a priori und ohne Ansehung der Betroffenen zur optimalen Form der Auseinandersetzung zu adeln: »Jeder Bewältigungsstil hat eine situative Nische, wo er angemessen ist« (Neyer & Asendorpf, 2018, S. 197). Die Angelegenheit wird noch komplexer, wenn man Bewältigungsoptionen im zeitlichen Verlauf betrachtet. Um unser Beispiel fortzuspinnen: In der Rehabilitationsphase dürfte Informationsmeidung *generell* eher abträglich sein, weil sie therapeutische Mitarbeit und Rückfallprävention er-

---

14 Das oft gebrauchte Bonmot verknappt den Terenzschen Originaltext stimmig. Ursprünglich räsoniert dort der athenische Bürger Micio: »Im Menschen gibt es .../ der Zeichen viel, woraus sich unschwer Schlüsse ziehen lassen,/ dass man, wo zwei dasselbe tun, oft sagen kann:/ Der eine tut es ungestraft, der andere nicht./ Die Tat ist nicht verschieden, nur die Täter sind's« (Terenz, V/3, 1990, S. 742).

schwert (vgl. Miller, 1990). Informations-Verweigerer hätten dann plötzlich einen Nachteil, der in anderen Behandlungsabschnitten ausbleibt.

Gesundheitspsychologische Kosten-Nutzen-Rechnungen für Persönlichkeitseinflüsse können also umstandsabhängig variieren. Fahren »flexible Bewältiger« folglich am besten? Dies mag so sein, hinkt als Handlungsempfehlung aber der sozialen Realität hinterher. Personen, die ihren »Verhaltenskompass« situativ immer wieder völlig neu einnorden und sich je nach Anforderungskontext geschmeidig von Bewältigungsoptimum zu Bewältigungsoptimum hangeln, sind die rare Ausnahme. Nur selten lebt der Mensch auf der Höhe der Theorien, die Blaupausen für sein Idealverhalten verfertigen.

Ergänzt sei noch, dass Persönlichkeit nicht nur dem Bewältigungsverhalten (und seinen Konsequenzen) einen individualtypischen Stempel aufdrückt, sondern dass auch umgedreht die Art der Auseinandersetzungen mit Anforderungen Spuren bei der Person hinterlässt. Die Erfahrungen, die im Umgang mit schwierigeren Situationen gemacht werden, sind selbst ein Motor der Persönlichkeitsentwicklung.

2.3 Die Potsdamer Lehrerstudie im Überblick

2.3.1 Zum methodischen Ansatz der Untersuchung

Wir haben es bereits angedeutet: Neuere Forschungsergebnisse entkräften das Vorurteil, Schuldienst sei ein bequemer Halbtagsjob bei voller Bezahlung, auf breiter Front (vgl. Klusmann & Waschke, 2018; Lehr, 2014). Wichtige Impulse zur Versachlichung und zur empirischen Fundierung der Debatte um Gesundheitsrisiken und -chancen schulischer Arbeit sind dabei im deutschsprachigen Raum gerade der Potsdamer Lehrerstudie zu verdanken. 7693 Pädagoginnen und Pädagogen nahmen an der bundesweiten Hauptuntersuchung in den Jahren 2000–2003 teil; in diversen Folgeuntersuchungen konnte die Stichprobe mittlerweile auf über 16000 Lehrkräfte aufgestockt werden (vgl. Schaarschmidt, 2005; Schaarschmidt & Kieschke, 2007, 2013). Zu Vergleichszwecken wurden Datenerhebungen in anderen, recht heterogen gewählten Berufsgruppen anberaumt (etwa 8000 Befragte aus sozial-kommunikativ stark beanspruchenden Tätigkeitsfeldern wie z. B. Polizeidienst, Krankenpflege, Strafvollzug und Unternehmertum bildeten die Referenzstichproben). Sollen Vergleiche fair eingefädelt werden, benötigt man ein diagnostisches Beschreibungssystem, das bei allen Probanden sinnvoll anwendbar ist, sprich: nicht spezifisch auf nur ein Stichprobensegment zugeschnitten sein darf. Dieses Beschreibungssystem war im Falle der Potsdamer Forschergruppe das berufsübergreifend einsetzbare Fragebogenverfahren AVEM (»**A**rbeitsbezogenes **V**erhaltens- und **E**rlebens*m*uster«, Schaarschmidt & Fischer, 1996/2008a). Das Instrument ist auf die Erfassung von Selbstauskünften zu drei Kernaspekten des persönlichen Umgangs mit Tätigkeitsanforderungen geeicht: *Berufliches Engagement, Widerstandsfähigkeit* und *Berufsbegleitende Emotionen*. Jene Themenbereiche sind mit insgesamt 11 Skalen (á 6 Items) verankert. Der Faktor *Berufliches Engagement* fächert sich in folgende Einzelfacetten (Skalen) auf:

♦ *Subjektive Bedeutsamkeit der Arbeit* (Stellenwert der Arbeit im persönlichen Leben)
♦ *Beruflicher Ehrgeiz* (Zielstrebigkeit in der Karriereplanung)
♦ *Verausgabungsbereitschaft* (Ausmaß des individuellen Kräfteeinsatzes)
♦ *Perfektionsstreben* (Anspruchshaltung in puncto Güte, Sorgfalt und Zuverlässigkeit der eigenen Leistung)
♦ *Distanzierungsfähigkeit* (psychische Abstandnahme vom Arbeitsalltag; Abschaltenkönnen).

Die Skala *Distanzierungsfähigkeit* ist zugleich ein Bindeglied zum zweiten Hauptfaktor. In die Beschreibungsdomäne *Widerstandsfähigkeit* gehören außerdem:

* *Resignationstendenz bei Misserfolg* (Mangel an Frustrationstoleranz),
* *Offensive Problembewältigung* (optimistische Handlungsorientierung) und
* *Innere Ruhe und Ausgeglichenheit* (emotionale Stabilität).

Der dritte Hauptfaktor (*Berufsbegleitende Emotionen*) wird markiert durch Messungen in:

* *Erfolgserleben im Beruf* (Zufriedenheit mit dem beruflich Erreichten),
* *Lebenszufriedenheit* (generelle Zufriedenheit mit der derzeitigen Lebenssituation) und
* *Erleben sozialer Unterstützung* (Vertrauen auf potentielle Unterstützung durch nahestehende Personen; Gefühl sozialer Geborgenheit).

Clusteranalytisch wurden im Weiteren vier Typen (Muster) gegeneinander abgegrenzt, deren Profilverläufe über die betrachteten Einzelmerkmale interessante Anhaltspunkte zum individuellen Belastungsmanagement bieten (▶ Abb. 2.2). Der Nachweis der besagten AVEM-Cluster gelang in unterschiedlichen Stichproben und mit unterschiedlichen statistischen Algorithmen (vgl. z. B. Roloff Henoch, Klusmann, Lüdtke & Trautwein, 2015; Klusmann, Kunter, Trautwein & Baumert, 2006). Das eröffnete eine vielversprechende Auswertungsoption. Man musste sich nun nicht mehr mit Ergebniszuweisungen auf Skalenebene begnügen (»Person 1 hat eine stärkere Ausprägung in Merkmal X als Person 2.«). Für Einzelfallbeschreibungen konnte jetzt eine Typendiagnose aufgesattelt werden (»Die Merkmalsausprägungen, die Person 1 über alle elf Skalen des AVEM erkennen lässt, sind in ihrer Gesamtheit ein Indiz für die Zugehörigkeit des Probanden zu Muster ...«.). Typendiagnostik trägt einer grundlegenden Einsicht Rechnung. Personen unterscheiden sich zum einen nach Stärkegraden einzelner Eigenschaften, also *quantitativ*, und zum anderen nach der jeweils besonderen *Kombination* von Eigenschaftsausprägungen, also *qualitativ*. Typennamen sind nichts anderes als Label für derartige Kombinationen von Eigenschaftsausprägungen. Mit ihnen werden – wenn man so will – markante »Knotenpunkte« des Zusammenwirkens diverser Einzeleinflüsse beschriftet. Typologien lassen sich auf mindestens zwei Wegen projektieren: »eminenzbasiert«, sprich top-down aus der Draufsicht von Experten, die ihre Einschätzungen vom berühmten »grünen Tisch« aus in einer Zusammenschau anekdotischer Befunde und weit ausgreifender Ordnungsideen ertüfteln, oder eben »evidenzbasiert«, folglich eher bottom-up durch die statistische Analyse empirischer Daten (in die am Ende natürlich immer auch Plausibilitätsabwägungen und theoretische Entscheidungen des Forscherteams einschießen). Beides hat seine Berechtigung und seinen Charme. Als Beispiel für eine überzeugende »eminenzbasierte« Typeneinteilung mag die Aussage eines Faustkampf-Experten dienen: »People come in four types, the pomegranate (hard on the outside, hard on the inside), the walnut (hard-soft), the prune (soft-hard), and the grape (soft-soft)« (Muhammad Ali, zit. nach Waller & Meehl, 1998, S. 73). Die Unterscheidung nach den vier AVEM-Typen ist das Ergebnis trockener statistischer Verarbeitung von Fragebogendaten. Während Muhammad Ali für sein Klassifikationsschema lediglich zwei Dimensionen scannt (1. *Äußere Härte*, 2. *Innere Härte*), stehen hinter der AVEM-Typologie Auswertungen über einen Korpus von elf Skalen. Auf deren Grundlage ist es möglich, jeden mit dem AVEM untersuchten Probanden einem der gefundenen vier Typen zuzuordnen (man kann statistisch ermitteln, welchem der vier Referenzprofile das Antwortmuster der betreffenden Person am ehesten ähnelt).

2.3 Die Potsdamer Lehrerstudie im Überblick

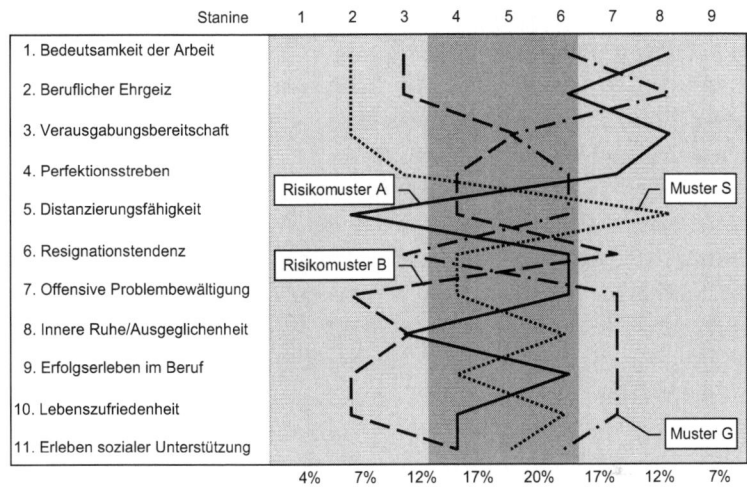

Abb. 2.2: Unterscheidung nach vier Mustern arbeitsbezogenen Erlebens und Verhaltens. Für die Darstellung wurde die Stanine-Skala genutzt. Skalen-Werte unter vier und über sieben liegen außerhalb des statistischen Durchschnittsbereichs. Am unteren Rand der Darstellung ist abgetragen, mit welcher prozentualen Häufigkeit die Stanine-Werte jeweils besetzt sind (Beispiel: Einen Stanine-Wert von 2 oder niedriger erreichen 7 % der Stichprobe).

Besonderheiten der Muster seien jetzt etwas genauer erläutert. Wer mag, darf natürlich gern nach Ähnlichkeiten zwischen den AVEM-Typen und den von Muhammad Ali vor-, zuweilen wohl auch niedergeschlagenen Typen stöbern.

Muster G: Das »G« ist Chiffre für Gesundheit. Zu beobachten sind deutliche, doch nicht exzessive Ausprägungen in den Dimensionen, die das Arbeitsengagement spiegeln. Am stärksten sticht der *berufliche Ehrgeiz* hervor, während für die *subjektive Bedeutsamkeit der Arbeit,* die *Verausgabungsbereitschaft* und das *Perfektionsstreben* mittlere bis leicht erhöhte Werte gegeben sind. Trotz hohen Engagements ist gute *Distanzierungsfähigkeit* zu attestieren. G schneidet in den Messungen, die das Niveau der Widerstandsfähigkeit erfassen, besonders gut ab. Das betrifft die schwache *Resignationstendenz* ebenso wie die Stichprobenspitzenwerte in *Offensiver Problembewältigung* und *Innerer Ruhe und Ausgeglichenheit*. Die jeweils höchsten Scores in den drei Dimensionen des dritten Faktors (berufsbegleitende Emotionen) vervollständigen den positiven Gesamteindruck.

Muster S: Das Kürzel »S« spielt auf den Hang zur Selbstschonung an, der hier für das Verhältnis zur Arbeit charakteristisch ist. Betroffene schotten sich nach Kräften gegen die Zumutungen der Berufswelt ab. Wir finden die geringsten Ausprägungen in der *Bedeutsamkeit der Arbeit*, dem *Beruflichen Ehrgeiz*, der *Verausgabungsbereitschaft* und dem *Perfektionsstreben*. Aus dem Stichprobenvergleich scheren die S-Zugehörigen zudem durch einen Spitzenwert in der Skala *Distanzierungsfähigkeit* aus. Hervorgehoben sei ferner die niedrige *Resignationstendenz*, die gemeinsam mit den hohen Werten in der *Inneren Ruhe und Ausgeglichenheit* in dem Eindruck bestärkt, dass echte Ressourcendefizite den Mangel an Engagement wohl kaum erklären können. Tatsächlich herrscht ein eher positives Lebensgefühl vor (siehe die relativ hohe *Lebenszufriedenheit*). Allerdings dürften dafür Gründe außerhalb der Arbeit maßgeblich sein. Das wäre nicht zuletzt aus dem relativ niedrigen Wert in der Skala *Berufliches Erfolgserleben* zu schließen. Generell ist das Muster S weniger unter Gesundheits- denn unter Motivationsaspekten problematisch. Die Gründe für die schwache Bindung an berufliche Ziele können vielfältig sein und müssen nicht zwingend nur bei der betreffenden Person gesucht werden. Möglicherweise fehlt es einfach an wirklichen Herausforderungen, oder das Arbeitsklima vor Ort ist derart vergiftet, dass der Rückzug aus dem beruflichen Engagement zur vernünftigen Option wird (»innere Kündigung«). In der Folge wird dann Beschäftigungen jenseits des beruflichen Trotts eine verstärkte Bedeutung beigemessen. Das »S«, das für **S**chonung steht, kann so mitunter zum Wort »**S**chutzfunktion« weiterbuchstabiert werden. Im Lehrerberuf könnte dieses Muster mehr als in manch anderen Tätigkeitsfeldern zu einem ernsten Hindernis für erfolgreiche Arbeit werden, ist doch hier verstärkt eigenaktives und engagiertes Handeln gefragt.

Gesundheitlich um einiges heikler sind zwei andere Muster, die mittels AVEM identifiziert wurden. Sie dürften mit besonderen Risiken für Leib, Seele und Berufsleben behaftet sein.

Risikomuster A: Das Muster ist Ausdruck hochgradiger Berufsinvolviertheit oder – elementarer – eines sehr strengen Arbeitsethos'. Auf Skalenwerte umgebrochen: Die Scores für *Bedeutsamkeit der Arbeit, Verausgabungsbereitschaft* und *Perfektionsstreben* überragen die der anderen Typen. Bemerkenswert ist vor allem der extrem niedrige Wert in der *Distanzierungsfähigkeit*. Er signalisiert, dass es äußerst schwierig wird, für Abstand zu den Problemen von Arbeit und Beruf zu sorgen. Das außerordentlich starke Engagement ist freilich mit nur mäßigen Ausprägungen in den Indikatoren der Widerstandsfähigkeit gepaart (geringer Wert in der Skala *Innere Ruhe und Ausgeglichenheit* bei gleichzeitig massiver *Resignationstendenz*). Dieses Missverhältnis wird zudem von eher negativen Emotionen überschattet (niedrige Scores in *Lebenszufriedenheit* und im *Erleben sozialer Unterstützung*). Insgesamt gewinnt das Bild also dadurch Kontur, dass der immense Einsatz und die stete Aufopferungsbereitschaft ohne große emotionale Resonanz bleiben (»Es kommt nichts zurück.«). All das läuft im Grunde auf den Widerspruch zu, den Siegrist (1991) als »Gratifikationskrise« problematisiert. Deren Kern ist ein Anerkennungsdefizit. Übergroßes Engagement verpufft im Umfeld wie nebenher, ohne positive Würdigung zu erfahren (obschon die Mehr-Arbeit selbstredend sehr erwünscht ist, entlastet der außerordentlich eifrige Kollege doch den Rest der Belegschaft). Man erntet nicht, was man gesät zu haben glaubte oder hat den Eindruck, andere heimsten das einem selbst Zustehende ein. Das ist offenbar eine gesundheitlich prekäre Lage. Siegrist (1991, 1996) belegt u. a. Zusammenhänge mit Herz-Kreislauf-Risiken. Die AVEM-Autoren docken mit der Namenswahl für das Cluster an die Debatte um das verhaltenswissenschaftliche Typ-A-Konzept an (▶ Infobox 4).

Infobox 4: Typ-A-Verhalten
Das Typ-A-Konzept postuliert psychische Einflüsse auf die Entstehung koronarer Herzerkrankungen. Nach Friedman und Rosenman (1974) soll ein Verhaltensmuster, das durch übersteigertes Engagement, Ruhelosigkeit sowie Erholungsdefizite auffällt, kardiovaskuläre Störungen mitbedingen. Bald mehrten sich jedoch kritische Stimmen gegen eine zu vereinfachende Beschreibung des psychologischen Profils infarktgefährdeter Personen. Nach neueren Befunden müssen »Workaholics« nicht von vornherein um ihre Gesundheit bangen. Starkes Engagement allein schädigt noch niemanden – jedenfalls so lange nicht, wie auch Ruhephasen und Regenerationsgelegenheiten genutzt werden, um wieder aufzutanken (bekanntlich sind Timeout-Einschübe das Betriebsgeheimnis jedes gut funktionierenden Timings). Das eigentlich »pathogene Wirkelement« wird in der Verbindung des beschriebenen Verhaltensmusters mit negativen Gefühlen und Einstellungen vermutet. Vor allem der Faktor *Feindseligkeit* scheint die »Toxität« des persönlichen Kräfteeinsatzes zu erhöhen. Wer sich für Arbeitsbelange aufreibt, ohne anderen zu vertrauen (»Alles muss man allein machen!«), durch Widernisse schnell zu verärgern ist und trotzdem versucht, die eigene Agenda aggressiv durchzupauken, hat nicht nur eher Herz-Kreislauf-Schwierigkeiten, sondern *generell* größere körperliche Erkrankungsrisiken zu gewärtigen (Krantz & McCeney, 2002; van Heck, 1997).

Nach erlittenem Infarkt haben übrigens Patienten mit klassischer Typ-A-Tendenz eine bessere Prognose als Personen mit vergleichbarer körperlicher Vorschädigung (zumindest im Spiegel der Urteilskriterien Überlebenswahrscheinlichkeit und Re-Infarkthäufigkeit). Einer der Gründe dafür dürfte sein, dass die besagten Patienten ihre »Gesundung« mit ähnlicher Energie und Härte vorantreiben wie vorher nur Berufsprojekte (vgl. Powell et al., 1993; Ragland & Brand, 1988).

2.3 Die Potsdamer Lehrerstudie im Überblick

Risikomuster B: Der Profilverlauf ist zunächst durch geringe Ausprägungen in den Dimensionen des Arbeitsengagements gekennzeichnet (speziell in den Skalen *Subjektive Bedeutsamkeit der Arbeit* und *Beruflicher Ehrgeiz*). Das erinnert an den Muster-S-Befund. Im Unterschied zu S ist die schwächere Einsatzbereitschaft jedoch nicht mit erhöhter, sondern mit eingeschränkter *Distanzierungsfähigkeit* verquickt. Auch die Ausprägungen in weiteren Merkmalen sind gegenläufig zur S-Konstellation. Wir stoßen auf besonders kritische Werte im Bereich der Widerstandsressourcen (die stärkste *Resignationshaltung*, eine geringe Neigung zu *Offensiver Problembewältigung* sowie die niedrigste Ausprägung in der Skala *Innere Ruhe und Ausgeglichenheit*). Der Blick aufs bislang Erreichtes ist stark eingetrübt (vgl. die jeweils untersten Rangplätze in den Skalen *Berufliches Erfolgserleben, Lebenszufriedenheit* und *Erleben sozialer Unterstützung*). Kurz und schlecht: Motivationsdefizite, mangelnde Belastbarkeit und negative Emotionen sind verhaltensstilprägend. Die genannten Merkmalsspezifika zählen zum Kernspektrum des Burnout-Syndroms (▶ Infobox 5). Das musterbetitelnde »B« (von *B*urnout) könnte im Übrigen auch als literarische Referenz durchgehen: B wie Buddenbrook. Ist doch eine der ersten (und eindrucksvollsten!) Beschreibungen des syndromtypischen Erschlaffungszustandes infolge beruflicher Überlastung in Thomas Manns gleichnamigem Romanerstling aktenkundig. Über die Figur des Senators Thomas Buddenbrook heißt es dort:

»Die phantasievolle Schwungkraft, der muntere Idealismus seiner Jugend waren dahin. Im Spiele zu arbeiten und mit der Arbeit zu spielen, mit einem halb ernst, halb spaßhaft gemeinten Ehrgeiz nach Zielen zu streben, denen man nur einen Gleichniswert zuerkennt – zu solchen ... geistreichen Halbheiten gehört viel Frische, Humor und guter Mut; aber Thomas Buddenbrook fühlte sich unaussprechlich müde und verdrossen ...« (Mann, 1901/1960 S. 610).

Er spürte in sich den gänzlichen »Mangel eines aufrichtigen feurigen Interesses, das ihn in Anspruch genommen hätte, die Verarmung und Verödung seines Inneren – eine Verödung, so stark, dass sie sich fast unablässig als ein unbestimmt lastender Gram fühlbar machte – verbunden mit einer unerbittlichen inneren Verpflichtung und zähen Entschlossenheit, um jeden Preis würdig zu repräsentieren, seine Hinfälligkeit mit allen Mitteln zu verstecken ...«. Das alles hatte »bewirkt, dass jedes Wort, jede Bewegung, jede geringste Aktion unter Menschen zu einer anstrengenden und aufreibenden Schauspielerei geworden war« (ebd., S. 614f.).

Infobox 5: Zum Burnout-Syndrom
Der Begriff »Burnout« entstammt technischen Gebrauchszusammenhängen und war ursprünglich auf das Durchbrennen einer Sicherung oder das Ausbrennen einer Raketenstufe gemünzt. 1974 hat ihn der amerikanische Therapeut Herbert J. Freudenberger für psychologische Beschreibungszwecke »entdeckt«. Seither war dem Begriff eine steile Karriere beschieden. Von Freudenberger (1974) gewählt, um ein Erschöpfungssyndrom vorwiegend bei Angehörigen sozial-helfender Berufe zu benennen, sickerte er bald in den laienpsychologischen Mindestwortschatz ein und ist längst nicht mehr auf einzelne Tätigkeitssparten abonniert. Burnout gilt als negative Beanspruchungsfolge mit Krankheitswert. Spezieller noch: Beschrieben werden soll eine mögliche Konsequenz *chronischen* Stresses im Arbeitsleben (vgl. Hiller, Koch & Lehr, 2018). Am Anfang der Entwicklung steht in der Regel Überengagement (man ist »Feuer und Flamme« für eine Sache). Waren Erwartungen zu hochfliegend oder ist man dem tatsächlich geforderten Aufgabenpensum schlicht nicht gewachsen, treten Probleme wie Dauermüdigkeit, Überdruss, Sinnverlust und Reizbarkeit auf. Oft versuchen Betroffene, solche Symptomatik durch beruflichen Rückzug und emotionale Distanzierung bis hin zu zynischer Herablassung einzudämmen. Missglückt das, ist bald ein Stadium erreicht, in dem das Erleben von Leistungsinsuffizienz, Niedergeschlagenheit und Verzweiflung in massive psychosomatische Reaktionen einmündet (vgl. Burisch 2010; Vandenberghe & Huberman, 1999). Burnout-Symptome überlappen stark mit klassischen Anzeichen einer Depression. Auch des-

2.3 Die Potsdamer Lehrerstudie im Überblick

halb wird »Burnout« in den gängigen Diagnosesystemen (ICD; DSM) bislang nicht als eigenständige Störungskategorie gelistet (vgl. zur weiteren kritischen Beleuchtung des Phänomens: Sosnowsky-Waschek, 2013). Anders als Depression ist Burnout keine Behandlungs-, sondern eine Rahmen- oder Zusatzdiagnose (das deutschsprachige ICD-10 erwähnt Burnout im Sammelabschnitt Z73: »Probleme mit Bezug auf Schwierigkeiten bei der Lebensbewältigung«).

So, wie wir uns daran gewöhnt haben, ein Unfallrisiko vom tatsächlich eingetretenen Unfall zu sondern, ist Differenzierung auch bei der Bewertung der AVEM-Typendiagnose »B« vonnöten. Zugehörigkeit zum Cluster B zeigt nicht zwangsläufig ein klinisch relevantes Störungsgeschehen und sofortige Behandlungsbedürftigkeit an. In jedem Falle wird hier aber eine beachtenswerte Vorstufe einer möglichen »Patientenkarriere« sichtbar.

Tabelle 2.1 rekapituliert Besonderheiten der vier AVEM-Typen noch einmal in kompakter Form.

2 Zur Gesundheitssituation im Lehrerberuf

Tab. 2.1: Typencharakteristik der AVEM-Cluster

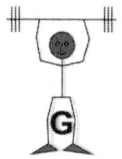	**Muster G (G wie Gesundheit):** hohes berufliches Engagement; ausgeprägte Widerstandsfähigkeit gegenüber Belastungen; positives Lebensgefühl („Gesundheitsideal")
	**Muster S (S wie Schonung oder Schutzhaltung):** stark gedrosseltes Engagement bei eigentlich gut ausgeprägter Widerstandsfähigkeit; eher positives Lebensgefühl (das vermutlich aber bevorzugt aus Quellen außerhalb der Arbeit gewonnen wird; darauf deutet zumindest der relativ niedrige Wert im beruflichen Erfolgserleben hin)
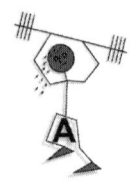	**Risikomuster A (A wie Anstrengung; in Anlehnung an das Typ-A-Verhaltenskonzept):** überhöhtes Engagement („Selbstausbeutung"), das keine positive Entsprechung in Erfolgserleben und Zufriedenheit hat (Gefühl fehlender Anerkennung und mangelnder Wertschätzung); verminderte Widerstandsfähigkeit gegenüber Belastungen
	**Risikomuster B (B wie Burnout-Risiko):** reduziertes Arbeitsengagement, das mit verminderter Belastbarkeit und negativem Lebensgefühl einhergeht

2.3 Die Potsdamer Lehrstudie im Überblick

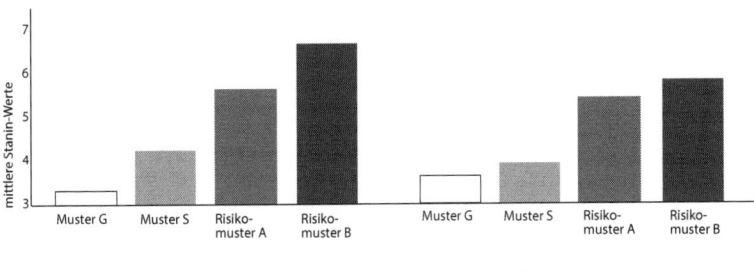

Abb. 2.3: Mittelwerte der 4 AVEM-Muster in den Skalen *Beeinträchtigung des psychischen Befindens* sowie *körperlich-funktionelle Beschwerden* (N=948; Quelle: Schaarschmidt & Fischer, 2001, S. 34; vgl. zu den beiden verwendeten Beschwerdeskalen im Detail: Hänsgen, 1985).

Aus vielen Studien wissen wir inzwischen, dass mit der AVEM-Diagnostik tatsächlich *gesundheitsrelevante* Persönlichkeitsunterschiede herausgefiltert werden (Schaarschmidt & Fischer, 1996/ 2008a; Kieschke, 2003). Das Spektrum der Prüfkriterien war breit gestaffelt. Es reichte von subjektiven Angaben zu Befinden und erlebten Berufskompetenzen bis hin zu objektiven Indikatoren der Stressresistenz (z. B. physiologische Parameter). Ausnahmslos sind dabei für Muster G die günstigsten und für die Risikomuster A und B eher ungünstigere Werte zu verbuchen (wobei zwischen den beiden Risikogruppen nochmals qualitative und quantitative Unterschiede der Beanspruchung sichtbar werden). In der Regel schichten sich die Gruppenmittelwerte in der Art einer Treppenfunktion, wie sie Abbildung 2.3 veranschaulicht. Zuweilen weichen Ergebnistrends aber auch auf plausible Weise von dieser Regel ab. Abbildung 2.4 wartet mit einem instruktiven Beispiel auf. Die Graphik dokumentiert die Verteilung von Krankentagen in einer Lehrerstichprobe, die bereits 1997 für Validierungsstudien herangezogen wurde (N=443). Wenig überraschend entfallen die meisten Fehltage auf B. Beredter noch ist die weitere Rangfolge: Obschon A-Vertreter über ähnlichen Beschwerdedruck klagen wie die Repräsentanten des B-Clusters, schmälert das ihre Dienstbeflissenheit in keiner Weise, – selbst G-Probanden melden sich öfter krank. Personen mit S-Tendenz belegen hingegen den zweiten Platz in der Krankenstands-Statistik. Während sich die einen »noch mit dem Kopf unter dem Arm« zur Arbeit quälen, scheuen andere die Krankmeldungsoption möglicherweise auch unter weit harmloseren Voraussetzungen nicht (vgl. die Anmerkungen zum Wechselspiel subjektiver und objektiver Gesundheitsfaktoren in Kap. 1).

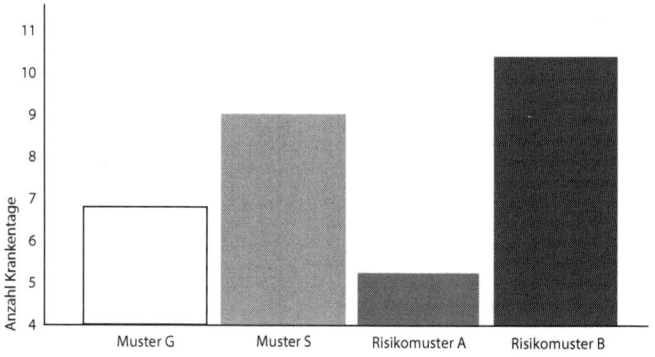

Abb. 2.4: Verteilung der Krankentage in einer Lehrerstichprobe (N=443; Quelle: Schaarschmidt & Fischer, 2001, S. 41)

Weitere Unterschiede im Gesundheitsverhalten wurden aufgedeckt. A- und B-Vertreter fühlen sich in ihrer Haut eher unwohl, können aber offenbar nicht aus ihr heraus: Weniger als die Repräsentanten der anderen AVEM-Muster tun sie aktiv für ihre Gesundheit (Sport; auf gesunde Ernährung achten; Wahrnehmung von Vorsorgeuntersuchungen etc.; vgl. Schaarschmidt & Fischer, 2001, S. 39f.). Die Verteilung von Gesundheitschancen beruht freilich zu nennenswerten Graden auf eigenverantwortetem Handeln. Wenn der Impuls zur präventiven Interessenwahrung in Gesundheitsdingen zu schwach ist, bröckelt Widerstandskraft im akuten Stressfall umso schneller. Aus Reserven kann schwerlich schöpfen, wer keine hat. Bei G- und S-Repräsentanten sind die Verhältnisse günstiger austariert. Vertreter beider Cluster bewerten ihr Befinden positiver *und* berichten von einem größeren Ausmaß gesundheitlicher Selbstfürsorge. Sie scheinen Konditionsschwächen effektiv und vor allem *nachhaltig* vorzubauen. Merke: Langstreckenläufe sind ein möglicher Teil von Gesundheitsvorsorge; darüber hinaus ist Gesundheitsvorsorge selbst ein »Langstreckenlauf«. Niemand bestreitet, dass jeder noch so lange Weg mit dem ersten Schritt beginnt. Erlischt der Bewegungsvorsatz aber mit dem ersten Schritt, ist wenig gewonnen (z. B. an zurückgelegter Strecke). Wie scherzte einst Mark Twain: Es gäbe nichts Leichteres, als mit dem Rauchen aufzuhören; er selbst habe es schon tausend Mal geschafft (Twain, zit. nach Horton, 1938, S. 2188).

Andererseits ist es nie gut zu übertreiben, nicht einmal im Positiven. Wandelt sich Selbstfürsorge zum zwanghaft ausgeübten Pflichtprogramm, das noch jeden Genuss ansäuert, weil man ohne Unterlass Schritte oder Kalorien zählt, haben wir einen typischen Fall von »Zuviel-des-Guten« vor uns. Gesundheitspsychologen ergründen dieses Phänomen unter dem Stichwort »Healthismus« (vgl. Schröder, 2009). Eine gute Idee (»Ich achte besser auf mich.«) wird im Worst-Case-Szenario zur wirkmächtigen Kontroll-Ideologie (»Wir alle müssen besser auf uns achten.«), mit der man einander »fürsorglich« bevormundet. Abweichungen von der Vorstellung, was doch für jeden das »Beste« sei, werden dann am Ende gesellschaftlich geächtet oder geahndet. Man mag das zunächst als weiteren Aufguss aus dem Teebeutelvorrat Orwellscher Dystopien belächeln. Partiell ist derartiges aber längst unschöne Realität, wie die Organisationstheoretiker Carl Cederström und André Spicer jüngst anhand markanter Beispiele (vor allem aus den USA) illustriert haben (Cederström & Spicer, 2016, 2018). So heuern einige US-amerikanische Kliniken keine Raucher mehr an und bedingen sich in Bewerbungsverfahren Drogen-Tests aus. Pädagogen in Chicago bekamen eine saftige Geldstrafe aufgebrummt, weil sie die Teilnahme an einem Gesundheitsprogramm des Lehrerverbandes verweigerten, das eine Auswertung von Biodaten zu ihrer Lebensweise vorsah (Cederström & Spicer, 2016, S. 136f.).

2.3.2 AVEM-Befunde zur Gesundheitssituation im Lehrerberuf

Dass jemand oder etwas »unvergleichlich« ist, erhellt paradoxerweise erst der Vergleich (der dann ja eventuell extreme Merkmalsausprägungen oder Kombinationen von Merkmalsausprägungen zutage fördert, die das Vergleichssystem nahezu sprengen). Wie steht es nun um die »Vergleichbarkeit« der Gesundheitssituation von Lehrkräften? Abbildung 2.5 gibt näheren Aufschluss. Sie vergleicht AVEM-Typ-Verteilungen über verschiedene Berufe hinweg. Zu beschönigen bleibt wenig: Die Verhältnisse sind in keiner der Stichproben so misslich wie in der Gruppe der Lehrerinnen und Lehrer.[15] Weit über die Hälfte der untersuchten Pädagogenschaft reiht sich in eine der beiden Risikokonstellationen ein. Der Verhaltenstyp »Selbstausbeutung« (Muster A) ist nur in der sehr speziellen Fraktion der Existenzgründer und Jungunternehmer weiter verbreitet. Zudem klettert der B-Anteil auf ein überaus kritisches Niveau. Das lässt Alarmglocken umso lauter schrillen, als Längsschnittstudien die Veränderungsresistenz der B-Muster-Affinität selbst über größere Zeitspannen hinweg bezeugen (▶ Abb. 2.6). Weit schlechter sind die Chancen, den G-

---

15 Das fügt sich durchaus in den Trend anderer Vergleichsstudien ein. Lehr (2014) arbeitete Angaben aus einer repräsentativen Befragung zu körperlichen und psychischen Beschwerden von 20000 deutschen Erwerbstätigen unter berufsvergleichender Perspektive auf. Lehrkräfte litten stärker als andere Probanden unter allgemeiner Müdigkeit, Nervosität, Reizbarkeit, emotionaler Erschöpfung, Schlafstörungen und Kopfschmerzen (ein ähnliches Beanspruchungsniveau fand sich allerdings auch in anderen sozialen Berufen; vgl. Cramer, Merk & Wesselborg, 2014). Johnson et al. (2005) analysierten Daten von 11000 britischen Beschäftigten aus 26 Berufen. Lehrkräfte hatten im Schnitt die geringsten Werte in den Domänen physisches und psychisches Wohlbefinden.

Status beizubehalten. Weniger als 45 % der betreffenden Probanden retten ihn über die Zeit. Von G aus wird am häufigsten in Richtung S »gewandert«. Auch der Übergang vom »Entflammt-Sein« zum »Ausbrennen«, sprich: der Musterwechsel »A zu B« hat nennenswerte Wahrscheinlichkeit – mit allen zu befürchtenden Folgen für die Gesundheit der Betroffenen. Im Selbstlauf werden die Dinge demnach offenbar kaum besser.

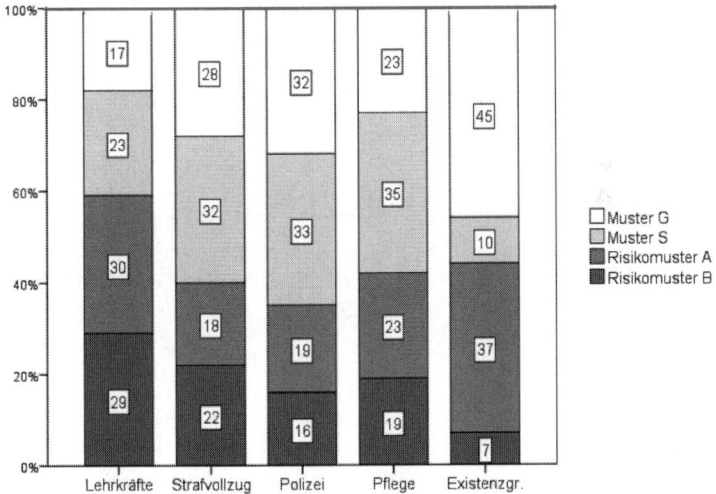

Abb. 2.5: Bewältigungsmuster im Berufsvergleich

Mit dem AVEM ist keineswegs bloß ein Informationspool zu Fragen des gesundheitlichen Befindens angezapft. Die vom Verfahren erfassten Stile des Umgangs mit Arbeitsanforderungen können darüber hinaus mit dem Themenkomplex »Berufliche Eignung« verlinkt werden. Tatsächlich stützen bereits vorliegende Daten die Annahme, dass die Typendiagnose Relevanz für die Beurteilung tätigkeitsspezifischer Voraussetzungen und Kompetenzen hat (vgl. Schaarschmidt, Kieschke & Fischer, 2017). So wähnen sich G-Repräsentanten wesentlich besser gerüstet für die vielfältigen Aufga-

2 Zur Gesundheitssituation im Lehrerberuf

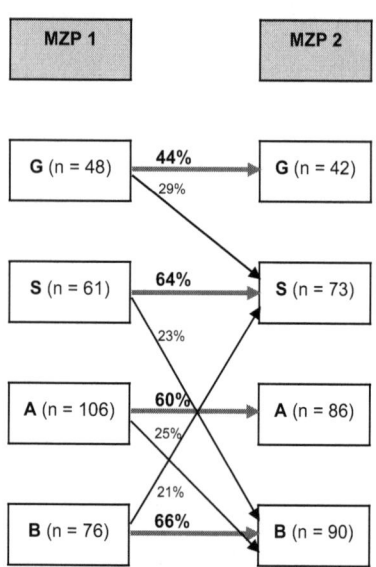

Abb. 2.6: Musterübergänge in einer Lehrerstichprobe (N=291). Zwischen erstem und zweitem Messzeitpunkt (MZP) liegen drei Jahre (vgl. Schaarschmidt & Kieschke, 2013, S. 82)

ben des Schuldienstes als Angehörige des Clusters B. Erstere veranschlagen Kompetenzgewinne durch Studium bzw. Fortbildung weit höher und vertrauen von vorherein stärker auf die eigene Leistungsfähigkeit sowie auf ihr sozial-kommunikatives Geschick in der Bewältigung von Problemen (vgl. Schaarschmidt & Kieschke, 2007). Interessanterweise sind solche Datentrends nicht allein aus *Selbstauskünften*, also aus unter Umständen subjektiv verzerrten Lageeinschätzungen zu extrahieren (wobei man nie ausschließen kann, dass hellsichtig ist, wer eigene Verhältnisse schwarzmalt oder dass eine getrübte Optik hat, wer sich im hellsten Glanze schildert). Unterschiede werden zudem im *Fremdurteil* evident. Klusmann et al. (2006) und Klusmann, Kunter, Trautwein, Lüdtke und Baumert (2008) holten Schülereinschätzungen zum Unterrichtsverhalten von Lehrkräften ein (z. B. hinsichtlich der Bewertungsgerechtigkeit, des Interaktionstempos, des Um-

2.3 Die Potsdamer Lehrerstudie im Überblick

gangs mit Unterrichtsstörungen). Erwartungsgemäß wurde vorrangig G-Vertretern eine kompetente Unterrichtsführung bescheinigt.

Übrigens: Was Vor- und Nachbereitungszeiten für den Unterricht anlangt, überrunden A- und B-Zugehörige G-Repräsentanten zum Teil deutlich (vgl. zu den Ergebnissen einer entsprechenden Tagebuchstudie: Heitzmann, Kieschke & Schaarschmidt, 2007, insbesondere S. 66). Der Mehraufwand »verzinst« sich jedoch nicht unbedingt in Zuwächsen an Lehrqualität. Typenunterschiede tönen ferner Urteile zur Belastungswirkung einzelner Arbeitsfaktoren. Zwar werden allgemein das *Verhalten schwieriger Schüler*, *überfordernde Klassenstärken* und eine *zu hohe Stundenanzahl* als kritische Tätigkeitsumstände moniert; am ärgsten ficht dies aber Probanden mit der Mustertendenz B an (▶ Abb. 2.7).

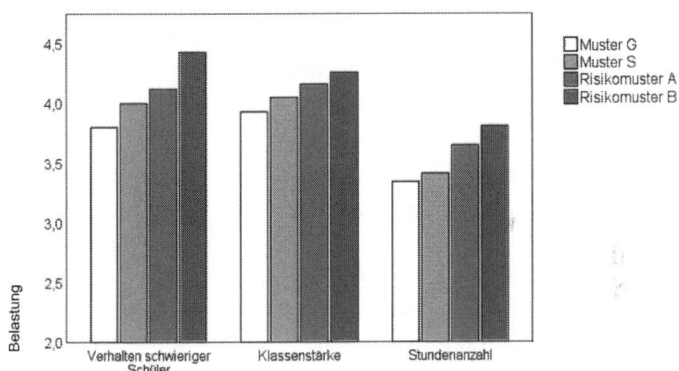

Abb. 2.7: Die von den befragten Lehrkräften angeführten drei wichtigsten Belastungsfaktoren im AVEM-Typen-Vergleich (Daten nach Schaarschmidt, 2005, S. 74).

Hier weitere zentrale Befunde der Potsdamer Lehrerstudie im Kurzüberblick:

- Kritische Verhältnisse bestehen schulformübergreifend in allen untersuchten Regionen. Der G-Anteil ist durchweg am geringsten. Unterschiedliche Akzente lassen sich allenfalls im Negativspektrum ausmachen. So ist Cluster A in Grundschulen und Gymnasien besonders stark vertreten. Spezifika beider Schulformen lockern bei einer größeren Gruppe des Lehrpersonals offenkundig den Selbstschutz vor Fehlbeanspruchung. Während die meist noch größere Lernwilligkeit jüngerer Schüler Grundschulkollegen vermehrt zu Überengagement anspornen mag, spielen im Gymnasium wahrscheinlich eher die hohen fachlichen Anforderungen eine prominente Rolle als Wirkfaktor.
- Längere Verweildauer im Beruf mindert den Intensitätsgrad der erlebten Belastung kaum. Die Vermutung, dass ältere Kollegen kraft ihrer Routinen und Erfahrungsvorsprünge stressunempfindlicher seien, klang zunächst durchaus plausibel. Immerhin haben Spekulationen nach der Devise »Jüngere mögen schneller rennen, die Älteren aber kennen die Abkürzungen ...« einiges für sich: Langgediente wissen um ihre Stärken und verfügen nach all den Jahren über einen großen Bordvorrat an Unterrichtsmaterialien, was den Vorbereitungsaufwand für die nächste Stunde tendenziell verringern sollte. Doch die Annahme trügt. Der Risikomusterprozentsatz sinkt bei den älteren Kollegen um keinen Punkt, er pegelt sich sogar auf einem etwas höheren Niveau ein (vgl. Schaarschmidt, 2005, S. 58). Die Zusammenhänge sind möglicherweise komplexer als ursprünglich angenommen. Bereits Tucholsky spöttelte mit erhobenem Zeigefinger: »Lass dir von keinem Fachmann imponieren, der dir erzählt: ›Lieber Freund, das mache ich schon seit zwanzig Jahren so!‹ – Man kann eine Sache auch zwanzig Jahre lang falsch machen« (Tucholsky, 1985, Bd. X, S. 49).
- Noch bevor der berühmte »Praxis-Schock« Lehrende ernstlich zerrüttet oder doch vor besondere Herausforderungen stellt, sind die Verhältnisse bei den Berufsanwärtern – vorsichtig ausgedrückt – suboptimal. Fast 40 % der Lehramtsstudierenden

2.3 Die Potsdamer Lehrerstudie im Überblick

sind bereits in den beiden Risikokonstellationen gefährlich festgefahren (vgl. Schaarschmidt, 2004; Roloff Henoch et al., 2015).

Seit den ersten Potsdamer AVEM-Erhebungen in Lehrkraftstichproben sind mehr als zwei Jahrzehnte verstrichen. Weder das Interesse am Thema (Berufsstress) noch das am Erhebungsinstrument ebbten seitdem ab. Abbildung 2.8 schlüsselt Angaben zu AVEM-Typverteilungen aus lehrerbezogenen Belastungsstudien anderer Forschergruppen näher auf (die aber allesamt auf einer schmaleren Datenbasis fußen). Wenn auch die Besetzungsfrequenzen für die vier Cluster stichprobenübergreifend keineswegs in Stein gemeißelt sind (solche Variationen liegen ja bei unterschiedlichen Erhebungsgruppen und -zeitpunkten klar im Erwartungshorizont!), pflanzt sich doch ein unschöner Trend von Studie zu Studie fort: Der Anteil der Risikomuster überschreitet die 40 %-Marke fast durchgängig, in vielen Fällen sogar massiv.

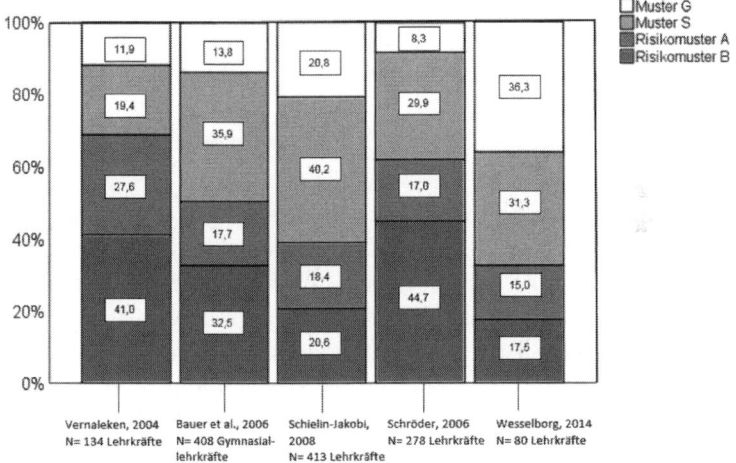

Abb. 2.8: AVEM-Typ-Verteilungen in verschiedenen Lehrerbelastungsstudien seit 2004

3

Über Geschlechtsunterschiede im Belastungserleben von Lehrkräften

Mancher Leser wird in der Zusammenstellung von Befunden zur Gesundheitssituation im Lehrerberuf Auskünfte zu einer möglichen Geschlechtsspezifik vermisst haben. Wir haben uns das für ein separates Kapitel aufgespart, weil dazu mehr zu sagen ist als in eine viertelseitige Spiegelstrich-Anmerkung hineinzupressen wäre. Tatsächlich besitzt die Variable Geschlechtszugehörigkeit erheblichen Unterscheidungswert für die Beurteilung von Entstehungsrisiken, Verlaufsformen, Erscheinungsbildern und Behandlungschancen körperlicher *und* psychischer Störungen. Die Gesundheitsforschung hat der alten Rede von den großen Konsequenzen des »kleinen Unterschiedes« längst neuen Dringlichkeits-Atem eingehaucht (vgl. Spaderna & Sieverding, 2018). Wir wollen das im folgenden Abschnitt kursorisch erläutern und dann im Hinblick auf den Schwerpunkt Berufsbelastung bei Lehrkräften analytisch weiter ausfeilen.

3.1 Zu Geschlechtsdifferenzen in Krankheitsrisiken und Gesundheitschancen

Werden Geschlechtsdifferenzen zum Thema, ist man gut beraten, die Erinnerung an eine alte, längst jedoch nicht veraltete Einsicht aufzufrischen: Zur Sprache kommt hier mehr als ein bloß genetisch-biologischer Unterschied. Geschlechtszugehörigkeit ist kein schicksalhaftes Naturereignis, mit dem ein dann autonom laufendes inneres Entwicklungsprogramm ein für alle Mal »freigeschaltet« wurde. Der Bedingungskomplex Geschlechtlichkeit umspannt zugleich mannigfaltige *soziale* und *kulturelle* Einflüsse (vgl. Neyer & Asendorpf, 2018, S. 349ff; von Braun & Stephan, 2000). Versuche, Geschlechtstypik *exklusiv* durch gesellschaftliche Rollenerwartungen, Selbstkonzeptdynamiken, Erziehungspraxis oder »rein« organismisch-konstitutionelle Faktoren zu erklären, werden aus guten Gründen regelmäßig mit dem Hinweis gekontert, zielführender sei die Annahme einer echten *Wechselwirkung* jener Einzelkomponenten (vgl. u. a. Franke & Kämmerer, 2001; Halpern, 2012). Das ist in Sachen Gesundheit nicht anders.

Von einer gesundheitlichen »Gleichstellung« der Geschlechter kann schwerlich ausgegangen werden. Epidemiologische Großstatistiken enthüllen markante Abweichungen. So sind Männer weit häufiger von kardiovaskulären und infektionsbedingten Krankheiten betroffen, leiden öfter unter substanzbezogenen Problemen (Alkohol-, Opiat-, Nikotinabhängigkeit etc.) und dominieren die Vergleichsstatistiken bei vielen Persönlichkeitsstörungen sowie bei einer Großzahl der so genannten Paraphilien (Syndrome wie Masochismus, Sadismus, Voyeurismus etc.). Frauen hingegen entwickeln mit größerer Wahrscheinlichkeit Autoimmunerkrankungen (wie z. B. rheumatoide Arthritis und Multiple Sklerose), neigen eher zur Ausbildung chronischer Schmerzen und sind stärker durch bestimmte psychische Störungen gefährdet (WHO, 2002). Depressionen und klinisch relevante Angstsymptome treten bei ihnen bis zu dreimal häufiger auf. Die Zahl weiblicher Fälle im Bereich der Essstörungen (Anorexia nervosa; Bulimia nervosa) übersteigt die männlicher Fälle um das Neunfache (vgl. Franke & Kämmerer, 2001). Geschlechtsbezogene Asymmetrien sind des Weiteren im Ereignisfeld Stress zu beobachten. Solche Spannungsepisoden stellen sich bei Frauen häufiger *und* intensiver ein (vgl. Schulz, Schlotz, Wolf & Wüst, 2002). Auch *chronischer* Stress ist eher ein Frauen- als ein Männerproblem (vgl. z. B. Turner & Wheaton, 1995).

Es wird vor dem geschilderten Hintergrund niemanden frappieren, dass weibliche Probanden ihren subjektiven Gesundheitszustand meist als schlechter einschätzen als Männer das für sich in Anspruch nehmen. Das gilt für körperliches und psychisches Befinden gleichermaßen. Dieser Generalbefund »verkantet« sich aufs Erste mit einem ebenso gut belegten Forschungsresultat: Frauen leben im statistischen Mittel über fünf Jahre länger als Männer (und zwar kulturübergreifend, vgl. Cleary, 1987). Zur theoretischen Durchdringung jener paradoxen Konstellation wurden verschiedene Annahmen vorgebracht, die zum Teil auch die erwähnten Disparitäten im Stressgeschehen verständlicher machen (vgl. Maschewsky-Schneider, Sonntag & Klesse, 1999). In der Diskussion sind hauptsächlich drei Ansätze (die problemlos kombiniert werden können):

♦ Das gleiche Maß an *subjektiver* Belastung ist in der Gruppe der Männer möglicherweise mit massiveren oder anders getriggerten *physiologischen* Veränderungen assoziiert als in der Gruppe der Frauen. Bei letzteren scheinen hormonelle Einflüsse pathologische Verschiebungen im neuro-endokrinen System stärker zu hemmen und so zu verhindern, dass der »gefühlt« größere Stress auf der Ebene labormedizinischer Befundung voll durchschlägt. Der gleiche psychische Stress laugt Männer demnach körperlich mehr aus (z. B. infolge überschießender Immunantworten). Im Ergebnis wäre mit unterschiedlichen Mortalitätswahrscheinlichkeiten bei gleichen »Ausgangsbeschwerden« (Morbiditäten) zu rechnen. Identische Stressbilanzen hätten geschlechtsabhängig abweichende Konsequenzen (hier: zuungunsten der gesundheitlichen Robustheit von Männern). Die *physiologische Reagibilität* auf Stressoren könnte folglich bei Frauen schwächer ausgeprägt sein (solche Vermutungen sind aber in der klinischen Forschung nach wie vor umstritten; vgl. Seidel et al., 2013).

- Die mit Selbstauskunftsdaten erhobenen höheren Stressraten bei Frauen spiegeln unter Umständen die größere Bereitschaft von Probandinnen, Belastungs- und Gesundheitsprobleme überhaupt einzuräumen. Männer scheinen eigene Schwächen eher zu leugnen und »wirkliche« Gefühlslagen nach außen hin stärker zu maskieren (vgl. Schulz et al., 2002; Fischer, 2000). Unterschiede könnten ferner auf einer anderen Ebene angesiedelt sein. Neben der Offenheit des Kommunikationsstils dürfte zusätzlich ins Gewicht fallen, dass Frauen eine differenziertere Selbst- und Körperwahrnehmung, ergo ein feineres Gespür für »Unstimmigkeiten« im Alltagserleben haben und diese nuancenreicher auszudrücken vermögen (vgl. Franke & Kämmerer, 2001; Abele, 2001). Das verschränkt sich wahrscheinlich mit einem sozialpsychologischen Effekt (vgl. Felder & Brähler, 1999). Frauen wird nach den gesellschaftlichen Konventionen und Erwartungen eher zugestanden, Erholungsbedürftigkeit zu reklamieren und in die Krankenrolle zu schlüpfen. Man mag das an dem weit verbreiteten Schlagwort vom »schwachen Geschlecht« ablesen, das ja in den Mortalitätsstatistiken nicht wirklich Rückhalt hat.
- Die oben umrissenen Diskrepanzen keimen vermutlich noch aus einer anderen Besonderheit hervor (vgl. Wiesmann, Timm

& Hannich, 2003; Gochman, 1997; Sieverding, 2000). Frauen investieren mehr Aufwand in Gesundheitsvorsorge (Ernährungsstil; sportliche Betätigung; Nutzung von Beratungsangeboten; Hygienestandards etc.), lassen größere Achtsamkeit und Vorsicht im Umgang mit potentiell riskanten Handlungsoptionen walten (Verhalten im Straßenverkehr; Sexualkontakte; Substanzgebrauch etc.) und sind eher bereit, ärztliche (Therapie-)Vorschläge konsequent zu beherzigen (höhere Compliance). Das könnte die gesundheitlichen Langzeitfolgen des von Frauen berichteten höheren Stressniveaus abmildern und Nachteile wenigstens teilweise ausgleichen. Die neuere Forschung sensibilisiert für eine weitere These. Eventuell sind es nicht simpel Unterschiede in der *Quantität*, die dem Vorsorgeverhalten den erhofften Erfolg verleihen. Puzzelt man aus diversen Einzelbefunden eine großformatigere Expertise zusammen, deutet manches darauf hin, dass für Männer und Frauen *qualitativ* unterschiedliche Maßnahmen von Nutzen sind. Schauen wir beispielhaft auf das, was wir über die Verhütung von Herz-Kreislauf-Erkrankungen wissen. Ironiefeste Mediziner haben weit verstreute Indizien probeweise zur parodistisch überzeichneten Kurzbeschreibung des herzgesunden Mannes eingedampft. Er wäre »... ein verweichlichter städtischer Angestellter oder Leichenbestatter, physisch und geistig träge und ohne Spritzigkeit, Ehrgeiz oder Konkurrenzdenken, der niemals versucht hätte, irgendeinen Termin einzuhalten; ein Mann ohne Appetit, der sich von Obst und Gemüse ernährt, das er mit Maisöl und Walfischtran anmacht; ein Nichtraucher, der den Besitz von Radio, Fernsehen oder Auto verschmäht, mit vollem Haarschopf, aber dürr und unathletisch, doch ständig bestrebt, seine kümmerlichen Muskeln zu trainieren. Mit niedrigem Einkommen, Blutdruck, Blutzucker, Harnsäurespiegel und Cholesterin, hat er seit seiner prophylaktischen Kastration Vitamin B2 und B6 und über längere Zeit Blutverdünnungsmittel eingenommen« (Myers, zit. nach Skrabanek & McCormick, 1993, S. 118). Frauen mit extrem geringem Herzinfarktrisiko müssten eine andere Merkmalskonstellation lebensecht verkörpern. Ideal sei »eine fahrradfahrende, arbeitslose, untergewichtige Zwergin vor den Wechseljahren, mit niedrigen Beta-Lipoproteinen und Bluttfetten, die beengt in einem Zimmer auf der Insel Kreta vor dem Jahr 1925 lebt und sich von geschältem Getreide, Distelöl und Wasser ernährt« (ebd.). Skrabanek und McCormick (1993) konnten sich eine süffisant-krachlederne Zugabe nicht verkneifen: »Kein Zweifel: Sollten sich diese beiden Phantasiewesen jemals begegnen – und erfolgreich paaren –, so wären ihre Nachkommen doppelt gesegnet« (ebd.) In der ersten Begeisterung über den gelungenen Witz haben die Autoren freilich vergessen, dass die oben erwähnte »prophylaktische Kastration« des Beispielmannes Familiengründungen erschweren dürfte. Aber ganz im Ernst: Es wächst das Bewusstsein dafür, dass *globale Statements* zu Prävention und Behandlungszugängen (bis hin zu Dosisempfehlungen für Medikamente!) in *gruppenspezifische Lokalaussagen* aufgenestelt werden sollten, um Gesundheitschancen zu optimieren.

3.2 Lehrerinnen und Lehrer im AVEM-Vergleich

Der Frauenanteil im Schuldienst ist überdurchschnittlich hoch. Circa 70 % der derzeit an deutschen Schulen beschäftigten Lehrkräfte sind weiblich (vgl. Blossfeld et al., 2014, S. 47f.). Kurz: Der Lehrkörper ist eher feminin. Das heizte mitunter Spekulationen über die Benachteiligung von Jungen in Bildungsinstitutionen an. So wurde die Dominanz weiblicher Bezugspersonen zumal in der Primarstufe zu einem bedeutsamen, wenn nicht *dem* zentralen Grund für die Laufbahnschwierigkeiten vieler Jungen aufgebauscht. Tatsächlich lässt der Befund aufhorchen, dass Jungen – gemessen an den Resultaten der IGLU-Lesekompetenz-Studie –

im Schnitt fast 30 Punkte mehr benötigen, um am Ende der Grundschule eine Gymnasial-Empfehlung zu »ergattern« (Blossfeld et al., 2009, S. 84). Es bleibt jedoch die Frage, ob sich darin und in der Tatsache, dass Mädchen in der Regel bessere Noten haben, der »verhängnisvolle Einfluss« weiblicher Lehrkräfte auskristallisiert oder ob nicht andere, komplexere Erklärungsmodelle zweckdienlicher wären (Modelle, die z. B. Unterschiede in Basiskompetenzen, Lernmotivation, Interessen, Sozialverhalten, familiären Bildungsmilieus oder Selbstkonzepten der Schülerschaft explizit berücksichtigten). Allein das Fehlen männlicher Rollenbilder im Klassenzimmer taugt als Begründung für Laufbahnunterschiede jedenfalls nicht. Weder lernen Jungen weniger, wenn sie von Frauen unterrichtet werden, noch werden sie von Lehrerinnen per se strenger benotet als von Lehrern (vgl. zu der hoch spannenden Debatte um Jungen, die das berühmte »katholische Mädchen vom Lande« längst als »Bildungsverlierer« abgelöst zu haben scheinen: Hannover & Kessels, 2011; Neugebauer, 2014).

Klinken wir uns aber wieder in die Gesundheitsdiskussion ein. Was über die Asymmetrien von Stressbilanzen im Geschlechtsvergleich mitgeteilt wurde, ködert die Erwartungen in eine klare Richtung. Wenn Frauen generell ein größeres Ausmaß an Stress zu Protokoll geben, sollte ein Berufsfeld, in dem mehrheitlich Kolleginnen tätig sind, unter Belastungsaspekten von vornherein heikler sein. Die oben beschriebenen Berufsgruppenunterschiede der AVEM-Typen-Verteilung (▶ Abb. 3.1) verflüchtigten sich dann zu Geschlechtsdifferenzen in der Clusterzugehörigkeit. Dass die Angelegenheit so einfach nicht ist, verdeutlich Abbildung 3.1. Sie splittet die geschlechtsbezogenen Musterverteilungen für verschiedene Berufsgruppen auf. Die markantesten Unterschiede sind argumentationskonform in der Lehrerschaft zu finden. Das Risiko, sich mehr als zuträglich zu verausgaben (Muster A), ist dort für Frauen im Vergleich zu Männern 1,3-mal größer. Die B-Muster-Rate der weiblichen Befragten übertrifft den bei Männern registrierten Prozentsatz immerhin um das 1,2-fache. Das heißt im Umkehrschluss aber keineswegs, die Gesundheitssituation männlicher Lehrkräfte sei undramatisch, man könne hier getrost entwarnen. Der G-Anteil bei Lehrern ist geringer als bei ihren Geschlechtsgenossen in den meisten anderen Beschäftigungsdomänen; die B-Wahrscheinlichkeit hingegen erreicht das höchste Vergleichsniveau. Die Berufsgruppenunterschiede im Belastungsgeschehen lassen sich am Ende des Tages mitnichten als reine Geschlechtsproblematik »enttarnen«. Sie sind genauso real wie die durchschnittlichen Gesundheitsdifferenzen zwischen Mann und Frau.

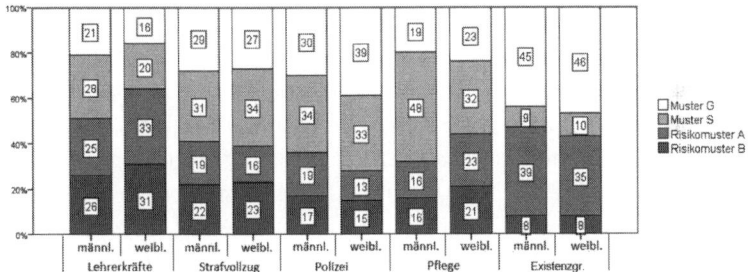

Abb. 3.1: Musterverteilungen im Geschlechtsvergleich über verschiedene Berufsgruppen hinweg

Trotzdem wäre es problematisch, die Dokumentation der Musterverteilung als Beleg für die gesundheitlichen Gefährdungspotenziale der Tätigkeit an sich zu vereinnahmen, ganz als sei die Patientenlaufbahn der einzige Entwicklungspfad für Lehrkräfte. Natürlich: Was Lehrpersonen zu leisten haben, erinnert oftmals an die berühmte Quadratur des Kreises. Wir haben das oben genauer besprochen (► Kap. 2). Ungeachtet aller Verweise auf Struktureigentümlichkeiten des Berufes ist bei der Einordnung der AVEM-Befunde aber auf eines zu pochen. In den Typenzugehörigkeiten manifestieren sich sowohl persönliche *Voraussetzungen*, die man ins Beschäftigungsfeld mitbringt, als auch *Wirkungen* des beruflichen Anforderungsmanagements. Neben der Frage, was die Arbeit aus jemandem macht, bleibt immer die

Frage im Spiel, was jemand aus der Arbeit macht (z. B. kraft seiner kognitiven, motivationalen und emotionalen Dispositionen). Es lohnt folglich ein Blick auf die individuellen Startbedingungen, unter denen ein Berufsfeld eigenaktiv und eigenverantwortlich erschlossen wird (vgl. Schaarschmidt, Kieschke & Fischer, 2017). Uns wird das in Kapitel 4 noch unter der Überschrift »Eignungsberatung« interessieren. Wir wollen uns jetzt auf ein paar Anmerkungen zur Frage beschränken, was die psychologische Genderforschung an Hinweisen zur Beschreibung jener »Mitgift-Faktoren« beizusteuern hat. Im Kontext Stressbewältigung könnte es z. B. zum Handicap werden, dass viele Frauen ungünstigere Formen des Umgangs mit Erfolg und Misserfolg verinnerlicht haben (was übrigens in einem kausalen Zusammenhang mit dem nachweislich höheren Depressionsrisiko von Frauen stehen dürfte, vgl. Ruble, Greulich, Pomerantz & Gochberg, 1993). Frauen schätzen erlittene Fehlschläge bereitwilliger als selbstverschuldet ein. Gründe für Erfolg werden hingegen stärker in externen Umständen gesucht (»Gunst der Stunde«). Frauen nehmen Kritik persönlicher; Männer blocken Selbstzweifel hartnäckiger ab. Oder mit den Worten des Klassikers: »Kein Sieger glaubt an den Zufall« (Nietzsche, 1882/1990, S. 164), die Siegerin schon, wie man hinzufügen müsste. Eine solche Genderspezifik könnte nicht zuletzt hinter dem AVEM-Befund stecken, dass die größten Unterschiede zwischen Lehrern und Lehrerinnen in den Merkmalsbereichen »Resignation bei Misserfolg« (Tendenz, bei Widerständen und im Fall des Scheiterns schnell aufzugeben) und »Innere Ruhe/Ausgeglichenheit« (Erleben emotionaler Stabilität; Unerschütterlichkeit) aufklaffen (▶ Abb. 3.2). Der geschilderte Effekt (höhere Resignations- und niedrigere Ausgeglichenheitswerte bei Frauen) hat in den anderen Berufsgruppen eine schwächere Ausprägung; er ist allerdings durchweg in dieselbe Richtung gepolt.

3.2 Lehrerinnen und Lehrer im AVEM-Vergleich

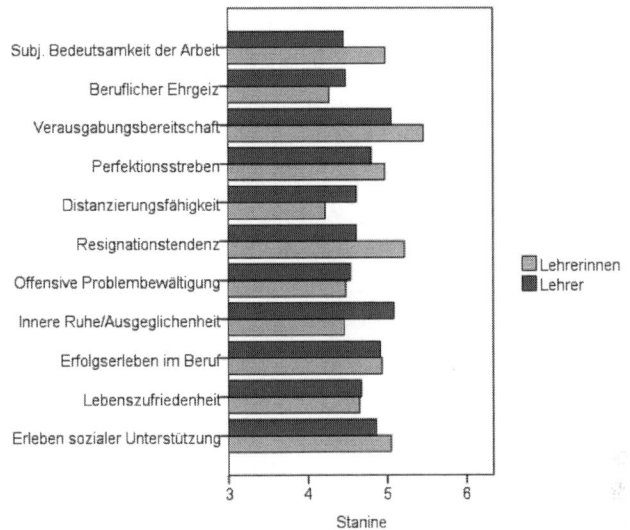

Abb. 3.2: Gegenüberstellung der AVEM-Profile weiblicher und männlicher Lehrkräfte (Effektgröße des multivariaten Gesamtvergleichs: $\eta^2 = .08$)

Ein Befund, der ebenfalls über verschiedene Berufsgruppen hinweg repliziert werden konnte, wirft Licht auf einen elementaren Bilanzposten der Work-Life-Balance. Frauen berichten von einem geringeren Wochenkontingent an echter Freizeit (Zeit für Entspannung und Erholung außerhalb der Nachtstunden) als ihre männlichen Kollegen. Lehrerinnen hatten nach eigenen Angaben im Schnitt 13 Stunden zur Verfügung, Lehrer 17 Stunden (vgl. Heitzmann, Kieschke & Schaarschmidt, 2007). Zwei Erklärungen leuchten sofort ein. Erstens: Frauen schultern neben dem Beruf noch immer die Hauptverantwortung für Familie und Haushalt. Das verknappt zeitliche Ressourcen für eigene Belange immens. Zweitens: Der Job hat für Lehrerinnen eine größere subjektive Wertigkeit als für Männer (vgl. die höheren Werte der Frauen für »Subjektive Bedeutsamkeit der Arbeit« in Abb. 3.2). Sie erübrigen daher im Schnitt mehr Zeit für berufliche Angelegenheiten auch jenseits schulischer Präsenzphasen. Wer Dinge ernster nimmt, zaudert nicht, ernst zu machen. Untersuchungen zu beruflichen Zielen und Handlungsprioritäten im Geschlechtsvergleich gewähren zusätzlichen Aufschluss für unser Thema. Lehrerinnen und Lehrer orientieren sich an ähnlichen Wertvorstellungen. Frauen und Männer haben in der Potsdamer Lehrerstudien die gleichen fünf Ziele als für die eigene Berufsausübung maßgeblich taxiert. Folgende Nennungen führten das Ranking *geschlechtsübergreifend* an: »mit Schülern freundlich umgehen« (1), »mündige und selbstbewusste Menschen erziehen« (2), »wünschenswerte soziale Normen vermitteln« (3), »Interesse und Neugier wecken« (4) und »Lernerfolge erreichen« (5) (vgl. Schaarschmidt, 2005, S. 56). Lehrerinnen gewichteten diese fünf Aspekte aber in Bedeutsamkeitsurteilen noch nachdrücklicher als das ihre männlichen Kollegen taten. Der Wille zur sozialen Verantwortungsübernahme scheint bei Frauen besonders stark zu sein. Dies korrespondiert mit vielen Befunden, die weiblichen Personen eine größere Affinität zu Fragen des menschlichen Miteinanders und eine höhere Sozialkompetenz zuschreiben (vgl. Giesen, 2000). Das Soziale ist freilich nicht nur eine »Wohlfühl-«, sondern oft genug eine »Konflikt- und Kampfzone« – und dann sehr belastungsintensiv. Schnell wird so – wie man gegen die Empfehlung des Lektorats kalauern könnte – aus der Komfort-Zone eine »Komm-fort-Zone«. Im Streitfall rächt sich das stärkere soziale Engagement vielleicht durch ein Mehr an Stress. Dinge, die unter bestimmten Umständen Teil der Problemlösung sind (z. B. soziale Sensibilität als Ressource für ein gedeihliches Miteinander), werden unter anderen Umständen zum Teil des Problems (z. B. soziale Sensibilität als Risikofaktor für Befindensbeeinträchtigungen, wenn kommunikative Konflikte eskalieren). In diese Argumentationslinie passt der Befund, dass das Risiko, Opfer direkter Mobbing-Attacken zu werden, für Lehrerinnen ungefähr 1,4 mal höher ist als für männliche Lehrkräfte (vgl. Jäger, 2014, S. 50; zum Begriff Mobbing ▶ Infobox 6). Pädagoginnen werden demnach signifikant häufiger in Berufskontexten angefeindet. Es sind übrigens nicht allein Eltern, die gegen Lehrkräfte rufschädigend aufwiegeln oder ausfällig, gar tätlich werden. In der Mehrzahl der bei Jäger (2014) dokumentierten Mobbing-Fälle war es die Schulleitung, die – nicht immer subtil – Druck ausübte (unsachliche Kritik, Ausgrenzung aus dem Kollegium, Ignorieren von Anliegen, Verweigerung von Unterstützung etc.). Die Studie entlarvt Kollegen als zweithäufigste Tätergruppe und Eltern als dritthäufigste. Bei der Ergebniseinordnung sollte allerdings präsent sein, dass die zitierte Statistik ausschließlich mit Selbstauskunftsdaten bestückt wurde. Damit kommt zwangsläufig der subjektive Faktor ins Spiel. Was der eine als Mobbings-Attacke anzuprangern geneigt ist, erfüllt aus Sicht anderer keineswegs die Kriterien systematischer Schikane. Interessanter Nebenbefund der erwähnten Studie: Allgemeine Fortbildungsveranstaltungen zum Thema sind als Präventionsmaßnahmen unzureichend (die Wahrscheinlichkeit, Opfer zu werden, ist mit und ohne Weiterbildung fast gleichhoch; vgl. Jäger, 2014, S. 52f.). Entsprechende Anstrengungen müssen offenbar in längerfristig ansetzende Schulentwicklungsprozesse eingebunden werden (vgl. Wachs, Hess, Scheithauer & Schubarth, 2016; ▶ Kap. 5).

Infobox 6: Mobbing

Der Begriff *Mobbing* war im sozialwissenschaftlichen Gebrauch schon immer mit dem Kontext *Schule* »verdrahtet«, ursprünglich aber als Beschreibung des Phänomens, dass einzelne Schüler von ihren Peers gehänselt, bepöbelt oder gar körperlich malträtiert wurden (Olweus, 1978). Solche Ausgrenzungstendenzen, die das Bedürfnis der Betroffenen nach Anerkennung und Sicherheit nachhaltig unterhöhlen, sind jedoch auch im Erwachsenenalter an der Tagesordnung. Folgerichtig wurde der Begriff von Leymann (1993) für Konfliktszenarien am Arbeitsplatz adaptiert (und zwar nicht einzig für den Arbeitsplatz Schule). Schuster (2007, S. 149f.) hat zentrale Definitionselemente für Mobbing zusammengetragen:

- *Systematik der Attacken*: Die Übergriffe wiederholen sich über einen längeren Zeitraum.
- *»Unfaires« Konfliktmanagement*: Selbst bei klarer Unterlegenheit des Opfers dauern Übergriffe an, gewinnen eventuell gar an Stärke, um den Betroffenen aus Gruppenkontexten oder Beschäftigungsfeldern »herauszuekeln«.
- *Schädigungsabsicht*: Mit den Übergriffen ist eindeutig eine Herabsetzung und Verletzung des Gegenübers intendiert.
- *Vielfalt der negativen Handlungen*: Die Angriffe werden mit den verschiedensten Mitteln durchgefochten (verbal, körperlich, aber auch auf der Ebene »relationaler« Auseinandersetzungsformen: z. B. Manipulation von Freundschafts- oder Geschäftsbeziehungen, falsche Tatsachenbehauptungen).

Angaben über die Verbreitung des Problems in der Arbeitswelt schwanken stark und sind zudem von den eingesetzten Erfassungsinstrumenten abhängig. Eine Repräsentativstudie für Deutschland gelangt zu der Einschätzung, dass 2,7 % aller Erwerbstätigen betroffen seien (vgl. Meschkutat, Stackelbeck & Langenhoff, 2002). In der bereits zitierten Studie von Jäger (2014) räumten 17,4 % der befragten Lehrkräfte ein, in den zurückliegenden zwei Monaten Opfer von Mobbingattacken geworden zu sein. Die aktuelle Forschung konzentriert sich nicht allein auf Täter- und Umfeldmerkmale zur Erklärung riskanter Entwicklungen, sondern weitet den Fokus auf die Suche nach Profilbesonderheiten von Mobbing-Opfern aus. Offenbar ist es nicht »purer Zufall« oder »Pech«, wenn sich über einer Person solche Probleme zusammenbrauen. Relevant scheinen Indikatoren für Rollenfremdheit (z. B. Arbeit in einem geschlechtsdiskrepanten Beruf), Schwäche (z. B. Behinderungen) oder für Persönlichkeitsauffälligkeiten (z. B. querulatorische Tendenzen, soziale Einigelung) zu sein (vgl. Schuster, 2007).

4

Gesundheitsförderung im Lehramtsstudium

Der Philosoph Hans Blumenberg hat einmal erzählt, wie er als Schüler über eine sprachliche Doppelsinnigkeit in ein metaphysisch-theologisch stark vermintes Denkgebiet hineingestolpert sei:

»In der Aula der altehrwürdigen Schule ... stand an der Stirnseite über der Orgel ... in gotischen Lettern der Bibelspruch: *Die Furcht des Herrn ist der Weisheit Anfang* ... Mich hat überrascht ..., wie Ulrich Thoemmes [ein älterer Mit-Gymnasiast, U.K., F.K.] den Wandspruch verstanden hatte. Grammatisch gesprochen mit dem Genetivus obiectivus: mit der *Furcht des Herrn* als der vor dem Herrn ... Für mich war selbstverständlich, daß es ein *genetivus subiectivus* war: die Furcht des Herrn als die seine vor etwas anderem, was zu fürchten eben der Anfang der Weisheit gewesen war« (Blumenberg, 1991, S. 28f.).

Die hier relevante Unterscheidung zwischen *genetivus subiectivus* und *genetivus obiectivus* lässt sich bequem auch an folgender Wendung durchexerzieren: *die Unterrichtsvorbereitung der Lehrkraft*. Gemeint sein kann erstens die Vorbereitungsarbeit, die die Lehrkraft selbst leistet (*genetivus subiectivus*). Die zweite Bedeutungsebene betrifft den Lehrer als denjenigen, der als Empfänger einer Unterweisung zum späteren Unterrichten erst befähigt werden soll (*genetivus obiectivus*). Wer Vergnügen daran hat, auf unterhaltsame (?) Weise Verwirrung zu stiften, könnte also sagen: Damit die Unterrichtsvorbereitung der Lehrkraft gelingt (*genetivus subiectivus*), sollte es mit der Unterrichtsvorbereitung der Lehrkraft geklappt haben (*genetivus obiectivus*). Ein Lehramtsstudium erfüllt nun im besten Falle die durch den *genetivus obiectivus* beschriebene Funktion. Bereits in dieser frühen Phase der Beschäftigung mit Inhalten und Anforderungen des Lehrerberufs lohnt es, das Thema Gesundheit aufzugreifen. Das sei an zwei Gestaltungselementen der Lehramtsausbildung exemplarisch erörtert: Eignungsberatung und Training gesundheitsrelevanter Kompetenzen.

4.1 Eignungsberatung für angehende Lehrkräfte

4.1.1 Ansatzpunkte eignungsdiagnostischer Unterstützung

Ob jemand seine Sache gut gemacht hat, lässt sich *im Nachhinein* meist problemlos beurteilen. Man vergleicht das Erreichte schlicht mit Soll-Vorgaben: Erwartungen wurden entweder bestätigt oder enttäuscht. Schwieriger ist es da schon, im *Vorhinein* abzuschätzen, ob jemand Anforderungen gewachsen sein wird. Prognosen sind heikel, insbesondere wenn sie die Zukunft im Blick haben, wie ein mittlerweile geflügeltes Wort lautet, das unstrittig richtig ist, auch wenn weiter um seine Urheberschaft gezankt wird (es ist

4.1 Eignungsberatung für angehende Lehrkräfte

u. a. bereits Karl Valentin, Mark Twain und Niels Bohr untergeschummelt worden). Eignungsdiagnostik hat es nun genau mit einem solch heiklen Unterfangen zu tun. Sie will verlässliche Aussagen zur *zukünftigen* Bewährung in einem Tätigkeitsfeld an die Hand geben. Auf wissenschaftlicher Grundlage sammelt sie belastbare Anhaltspunkte für ein Urteil zur relativen Passung zwischen Person und Berufsaufgabe (vgl. Schuler, 2014; Schuler & Kanning, 2014; Marcus, 2012). Sie unterstützt und verbessert auf diese Weise nicht nur Auswahlprozesse, sondern generiert darüber hinaus Entscheidungshilfen und Evaluationskriterien für die Festlegung von Fördermaßnahmen sowie die Gestaltung von Lerngelegenheiten. Eignungsdiagnostiker sind eben mehr als bloße »Türwächter«, die Zugänge entsperren oder verriegeln. Ihr Portfolio beinhaltet Coaching- und Beratungs-Elemente. Kurzum: Eignungsdiagnostik ist das wissenschaftsförmig organisierte Misstrauen gegen die Annahme, jeder könne ohne weiteres alles werden, und zugleich das methodisch organisierte Vertrauen darauf, dass jeder Stärken und Schwächen habe, die zu einigen Anforderungsgebieten kompatibler sind als zu anderen (vgl. Neugebauer, 2018). Dabei ist ausdrücklich mitbedacht, dass solche personenseitigen Voraussetzungen durch Lernprozesse – zumindest in Grenzen – auf größere Kompatibilität »getrimmt« werden können.

Unter den geschilderten Vorzeichen hat Eignungsdiagnostik einen wohldefinierten Platz auch im Lehramtsstudium (vgl. Schaarschmidt, Kieschke & Fischer, 2017; Boeger, 2016). Sinnvollerweise sollte sie von einem punktuellen Ereignis in der Entscheidungsphase vor Studienantritt (»Ist ein Lehramtsstudium überhaupt das Richtige für mich?«) zu einem Begleitangebot bis in den Beruf hinein ausgebaut und enger mit den eigentlichen Ausbildungsinhalten verzahnt werden[16]. Vor allem die schulpraktischen Studien-

---

16 Natürlich ist es von Vorteil, Eignungsdiagnostik schon möglichst frühzeitig in Anschlag zu bringen. Mit Hilfe entsprechender Konzepte und Instrumente kann der Vergeudung individueller und institutioneller Res-

anteile bieten sich da als »Aufhänger« an. Praktika sind für Lehramtsstudierende genauso wertvoll wie obligatorisch (vgl. Rothland & Biederbeck, 2018; Rothland & Schaper, 2018). Studienordnungen verpflichten (vielerorts gar noch stärker als vor Jahrzehnten) zu Aufenthalten in jenen außerakademischen Erfahrungsräumen, die später die Kulisse der eigenen Berufungsausübung sein werden: Schulen. Lehramtskandidaten der Primarstufe in Baden-Württemberg z. B. absolvieren während ihres Bachelor-Studiums zwei Praktika: ein »Orientierungs- & Einführungspraktikum« (OEP, drei Wochen nach dem ersten oder zweiten Semester, inkl. Begleitseminar) und das »Integriertes Semesterpraktikum« (ISP, im vierten oder fünften Semester, inkl. Begleitseminar). Das ist umso bemerkenswerter, als viele andere Studiengänge durch Streichung oder Kürzung von Berufspraktika »bologna-verschlankt« wurden. Hier blitzt ohne Frage eine Besonderheit des Lehramtsstudiums durch, die nicht von allen Beteiligten nur als Segen bejubelt wird. Das Lehramtsstudium startet mit im berufsplanerischen »Navi« fest einprogrammierter Zieladresse. Wer Jura, BWL oder Medizin belegt, kann mit dem Abschluss in die verschiedensten Richtungen abbiegen (nicht jeder Jurist wird Anwalt, nicht jeder Mediziner niedergelassener Arzt). Für Personen mit Lehramtszeugnis (und bestandenem Referendariat) zweigen sich Berufspfade zumeist nicht derart variantenreich auf. Wer auf Lehramt studiert, wird in der Regel: Lehrkraft. Die Umstellung auf das Bachelor-Master-Sys-

---

sourcen am ehesten vorgebeugt werden. Die Haupt- und Nebenfolgen falscher Studienentscheidungen sind immens. Wertvolle Lebenszeit wird verschwendet. Oft resultiert aus solchen Erfahrungen des Scheiterns zudem ein hoher Leidensdruck bei den direkt Betroffenen und ihrem Umfeld. Hohe Abbrecher- und Studienwechslerzahlen sind ferner ein nicht zu unterschätzender Kostenfaktor für das Bildungssystem (vgl. Henecka & Gesk, 1996; Heublein, Schmelzer & Sommer, 2008). Eignungsdiagnostische Handreichungen könnten darüber hinaus sinnvoll in Rekrutierungsstrategien für die Gewinnung beruflichen Nachwuchses eingebettet werden, je früher, desto besser (vgl. Kubinger, Frebort & Khorramdel, 2012).

tem mag mehr Flexibilisierung durch die »gesichtswahrende« Option eines Um- oder Ausstiegs nach der Bachelorphase beschert haben, ändert die Sachlage aber keineswegs fundamental. Die – vernünftigerweise! – größeren Praxisanteile des Lehramtsstudiums harmonieren übrigens durchaus mit dem (aus unserer Sicht zuweilen verqueren) Verständnis, das manche Studierende von ihrer Zeit an der »Alma Mater« haben: Man durchläuft eine avancierte Berufsausbildung, die zwar Studium heißt, einen jedoch mit den Zumutungen einer Einübung ins wissenschaftliche Denken und Tun möglichst wenig behelligen sollte. Statt als Novize der Wissenschaft zu handeln und behandelt werden zu wollen, grummeln und nörgeln etliche Seminarbesucher dann gern über den mangelnden Praxisbezug der Veranstaltungen (als ob aus jeder Einlassung zur Geschichte des Bildungsbegriffes oder zum PISA-Forschungsdesign sofort eine für die nächste Unterrichtsstunde in der 3a verwertbare Essenz herausgewrungen werden könnte). Tatsächlich dürfte der Spagat zwischen fach- und professionsbezogener Ausbildung eine der größten Herausforderungen des Lehramtsstudiums sein – für Studierende und Dozenten gleichermaßen. Dennoch bleibt es dabei: Das Lehramtsstudium ist gerade kein vorgezogenes Referendariat, das als »Trockenübung« immer noch genügend Feuchtigkeit spenden müsste, um den »beruflichen Nutzgarten« mit alltagsnahen Praxistipps und schnell abzuarbeitenden To-Do-Hinweisen zu begrünen.

Aber zurück zum Thema »Praktika als Gelegenheit für Eignungsberatung«. Besagte Praktika werden mit Vor- und Nachbereitungsveranstaltungen begleitet, die den Blick für die eigene Rolle in schulischen Lern-, Lehr- und Erfahrungsprozessen schärfen sollen (vgl. Bach, 2013; Schubarth, Speck, Ulbricht & Cording, 2016). Um Einschätzungen auf eine höhere Reflexionsstufe zu hieven, kann der Einsatz eignungsdiagnostischer Instrumente hilfreich sein. Der Aufwand, den dies kostet (Entwicklung, Implementierung, Pflege der Verfahren; Schaffung oder Ausbau von Beratungskapazitäten etc.), scheint uns gerechtfertigt, auch wenn viele Untersuchungen mittlerweile darauf hindeuten, dass der Löwenanteil der Studierenden aus den »richtigen« Gründen ins Lehramt strebt (Freude an der Arbeit mit Kindern und Jugendlichen bei gleichzeitigem Fachinteresse; vgl. Roloff Henoch et al., 2015). Zum einen tummeln sich genügend Aspiranten im System, deren Berufserwartungen genauso unrealistisch sind wie ihre Studienwahlmotive fragwürdig. So dürfte es der Identifikation mit den Kerninhalten des späteren Tagesgeschäfts wenig zuträglich sein, wenn die Laufbahn als »Notlösung« attraktiv wird (weil es an passenderen Alternativen mangelt oder man sich »Lehramt« gerade noch zutraut), lediglich eine Familientradition verlängert werden soll (»Schon meine Großeltern und Eltern waren Lehrer ...«) oder vorrangig der »sichere Hafen« der Verbeamtung lockt. Der Prozentsatz der Studienanfänger, die aus eher zweifelhaften Antrieben mit dem Lehramt liebäugeln, wird von manchen Autoren immerhin auf ca. 25 % geschätzt (vgl. Rauin & Maier, 2007). Eignungsberatung – und das ist vielleicht noch wichtiger – kann selbst für Studierende bereichernd sein, die aus den richtigen Gründen am richtigen Platz sind. Sie konfrontiert Veranstaltungsteilnehmer auf fruchtbare Weise mit Rückmeldungen zu aktuellen Kompetenzständen und Entwicklungsbedarfen. Im Idealfall sind für eine Person entsprechende Daten über mehrere Erhebungszeitpunkte verfügbar. Das würde Beratungsgesprächen noch größere Tiefenschärfe verleihen.

Derartige Austauschmöglichkeiten ließen sich sinnvoll gerade im Vorfeld des Übergangs von der Bachelor- in die Masterphase anberaumen. Bei der Erörterung von Eignungsfragen wären dann Betrachtungen zu Gesundheitsaspekten gewissermaßen schon inklusive: »Gesundheit und Eignung sind zwei Seiten ein und derselben Medaille, sie gehören unlösbar zusammen« (Schaarschmidt, Kieschke & Fischer, 2017, S. 138). Wer die Leistungs- und Funktionsfähigkeit einer Person eignungsdiagnostisch »durchröntgt«, erfährt zugleich Markantes zu Gesundheitsvoraussetzungen und -status (▶ die Anmerkungen zum Gesundheitsbegriff in Kap. 1). Hakelt es bei den beruflichen Kompetenzen, hat das durchaus Prognosewert für die Beurteilung von

4.1 Eignungsberatung für angehende Lehrkräfte

Gesundheitschancen (etwa im Hinblick auf die Entwicklung von Burnout-Risiken).

Nun könnte man bei allem Verständnis für das Grundanliegen eignungsdiagnostischer Initiativen ja zunächst abwinken. Eignungsdiagnostik muss nicht neu in Lehramtszusammenhänge hineingepfropft werden, sie hat dort längst Heimatrecht. Details sind in den jeweiligen Zulassungsordnungen nachzulesen: Kandidaten müssen die allgemeine Hochschulreife und für den Zugang zum Wunsch-Studium einen bestimmten Notenschnitt haben, eventuell sind zusätzlich spezielle Vorprüfungen vorgeschrieben (etwa bei Interesse an den Fächern Sport, Musik und Kunst). Diese Filter mögen zwar weit weniger restriktiv eingestellt sein als bei anderen Studiengängen (z. B. Medizin oder Psychologie), erfüllen aber dennoch Steuerungsfunktion. Zudem sind Dozenten zu einem quasi-eignungsdiagnostischen Votum ermächtigt. Unterschreiten Studierende fachliche Mindeststandards, rasseln sie durch Abschlussprüfungen. Auch das ist eine Form von Qualitätskontrolle, wenngleich eine recht späte. Selbst nach einem erfolgreich beendeten Studium sind weitere Hürden zu überwinden, um im Schuldienst aufgenommen zu werden (Einstellungen hängen z. B. vom aktuellen Lehrkräftebedarf und von den im System verfügbaren Finanzmitteln ab). Solche »Eignungsdiagnostik« ist indes mit mancherlei Schwierigkeiten befrachtet. Zum einen fehlt es ihr mitunter an Auswahlgerechtigkeit und Systematik. Haben Bewerber das Glück, mit einer gefragten Fächerkombination in einen aktuell geöffneten Einstellungskorridor hineingeschleust zu werden, gelingt der Berufseinstieg mit einem schlechteren Notendurchschnitt als in Zeiten der Stellenknappheit. Zum anderen werden über viele der genannten Indikatoren (Abi-Schnitt, Prüfungsleistungen im Studium etc.) vor allem *kognitiv-intellektuelle* Voraussetzungen durchmustert. Deren Bedeutung wird niemand bezweifeln. Genauso wenig dürfte umstritten sein, dass Selbstbehauptung im Lehrerberuf mehr verlangt als die zwingend notwendige Fachlichkeit und das Wissen um didaktische Arrangements. Mit der Beschränkung auf Auswertungen zur akademischen

Tüchtigkeit einer Person diagnostizierte man an den Realitäten des Berufsfeldes vorbei. Wir haben das mehrfach unterstrichen.

4.1.2 Konkrete Zugänge und Verfahren

Eignungsdiagnostische Ansätze haben in der Lehrerforschung derzeit Konjunktur – national wie international (vgl. z. B. Boeger, 2016; Schaarschmidt, Kieschke & Fischer, 2017; Bolle, 2014; Watt & Richardson, 2008; Mayr, 2014). Das wird nach alledem, was im vorigen Abschnitt ventiliert wurde, wenig verwundern. Seltener als wünschenswert zäumt man die Debatte jedoch explizit unter Gesundheitsaspekten auf, obschon Verknüpfungsmöglichkeiten offenkundig sind (siehe oben). Ein verfahrenstechnisches Scharnier, über das die Themen Gesundheit und Eignung gut verbunden werden können, ist das uns jetzt bereits geläufige AVEM-Inventar. Dies nicht nur, weil mit der Typenunterscheidung ein handlicher Bezugsrahmen *sowohl* für die Beschreibung von Gesundheitschancen *als auch* für Statements zu individuellen Herangehensweise an Berufsaufgaben gezimmert wurde. Hinzu kommt, dass der Fragebogen die Ableitung *gruppenspezifischer* Interventionsvarianten erlaubt. Neben Maßnahmen, die über alle Personenunterschiede eher günstig wirken sollten (Erlernen von Entspannungstechniken, Zeitmanagement, Entwicklung von Teamgeist und -fähigkeit etc.), sind Schwerpunktbildungen für die Interventionsplanung bei Risikomuster-Zugehörigen vorstellbar (▶ Tab. 4.1). Jene Schwerpunkt-Orientierungen wären dann je nach Gruppenzusammensetzung in abweichenden Trainings- oder Unterstützungs-Settings festzuzurren. Wie solche flexibel zu koppelnden Trainingsmodule konkret aussehen könnten, wird uns im nächsten Abschnitt beschäftigen.

4.1 Eignungsberatung für angehende Lehrkräfte

Tab. 4.1: Musterspezifische Interventionsvorschläge (Angaben nach Schaarschmidt & Fischer, 2001, S. 56f.):
a) für Risikomuster A

Charakteristika von A	Spezifische Maßnahmen der Intervention
◆ Selbstüberforderung	◆ Nein-Sagen lernen ◆ Veränderung der individuellen Arbeitsorganisation ◆ Koordinierung und Ausbalancierung von beruflichen Anforderungen, häuslichen Pflichten und Freizeitaktivitäten
◆ einseitige Betonung der Arbeit, exzessive Verausgabung	◆ Relativierung des Stellenwertes der Arbeit gegenüber anderen Lebensbereichen
◆ Unzufriedenheit, Unausgeglichenheit	◆ Konflikt- und Stressbewältigungstraining zum Abbau von Ärger und Ungeduld, zur Erhöhung der Frustrationstoleranz und Verringerung der Verletzbarkeit

b) für Risikomuster B

Charakteristika von B	Spezifische Maßnahmen der Intervention
◆ eingeschränkte kommunikative Kompetenz, defensive Problembewältigung	◆ Kommunikations- und Konfliktbewältigungstraining ◆ Förderung offensiven Kommunikations- und Konfliktlöseverhaltens
◆ Resignation, Hoffnungslosigkeit, Verzweiflung	◆ Coaching, ggf. auch Einzel- oder Gruppentherapie zur emotionalen Stabilisierung, Bewältigung von Angst, Stärkung von Selbstbewusstsein und Selbstsicherheit ◆ neue Zielsetzung und Sinnfindung

Im Rahmen der Potsdamer Lehrerstudie entstand noch ein weiteres Verfahren, das in einer Selbsterkundungs- und in einer Fremdeinschätzungsvariante diagnostisch gut abgesicherte Informationen zum Eignungsprofil von Lehramtsstudierenden liefert: der Fragebogen »FIT-L (R)« (»Fit für den Lehrerberuf – revidierte Fassung«; Faust, Schaarschmidt & Fischer, 2016). Der FIT-L bündelt Aspekte der Laufbahnberatung für angehende Lehrkräfte nach aktuellem Stand der Professionalisierungsforschung und lässt sich in Beratungskontexten leicht handhaben. Die Datenbasis für die Entwicklung des Instruments war zudem von enormer Breite. Über 17000 Befragte sind an entsprechenden Erhebungen beteiligt gewesen. Einige Besonderheiten des FIT-L seien nachfolgend kurz erörtert:

- Das Verfahren soll zur Reflexion über eigene Handlungskompetenzen anregen und auf dieser Grundlage eine selbstbestimmte Auseinandersetzung mit Fragen der beruflichen Eignung und der persönlichen Weiterentwicklung gestatten. Um das von der Anlage des Bogens her zu erleichtern, wurde großer Wert auf eine transparente Gestaltung des diagnostischen Materials gelegt. So sind den abverlangten Einschätzungen in einem knappen Informationstext stets Auskünfte zur Eignungsrelevanz der betrachteten Merkmale vorangestellt.
- Das Instrument zielt auf eine verhaltensnahe und schulkontextspezifische Erfassung der ausgewählten Merkmale. Es geht also nicht um Aussagen zu generellen Verhaltens- und Erlebenstendenzen ohne konkreten Situationsbezug, sondern ausdrücklich um die Beschreibung individueller Kompetenzprofile im Hinblick auf Anforderungen des Lehrerberufs. Abgeprüft werden drei große Bereiche: a) Umgang mit der eigenen Person (»Widerstandskraft und Bewältigungsverhalten«), b) Beziehungsgestaltung im Beruf (»Sozial-emotionales Engagement«) und c) Grundfähigkeiten für wirksames pädagogisches Auftreten. Tabelle 4.2 listet die elf Einzelmerkmale auf, die den genannten drei Hauptbereichen zugeordnet werden können.

4.1 Eignungsberatung für angehende Lehrkräfte

- Das Verfahren offeriert verschiedene Vergleichsmöglichkeiten. Es sind Normen (»Stanine-Werte«) abrufbar, die eine Einordnung des individuellen Merkmalsprofils in eine Referenzstichprobe von Lehramtsstudierenden und/oder in eine Vergleichsgruppe bereits tätiger Lehrkräfte ermöglichen. FIT-L genügt psychometrischen Anforderungen an eine verantwortungsvolle Diagnostik auf zufriedenstellende Weise (so pendeln sich z. B. die Messzuverlässigkeiten über die elf fakorenanalytisch gut abgrenzbaren Skalen auf einem Durchschnittsniveau von .79 ein; vgl. für Validitätsbelege: Herlt & Schaarschmidt, 2007). Das Verfahren wird vom Entwicklerteam laufend evaluiert (vgl. Schaarschmidt, Kieschke & Fischer, 2017). Der Bogen ist in einer Papier-Bleistift-Variante und in einer Online-Version nutzbar (kostenfrei zugänglich unter: www.coping.at). Für die Online-Fassung wurden die automatischen Ergebnisrückmeldungen so aufbereitet, dass Anwender auch ohne Diagnostik-Vorkenntnisse keinerlei Schwierigkeiten haben sollten, die Resultate zu bewerten und mit ihnen zu arbeiten.
- FIT-L bietet die Option, die Selbsteinschätzung durch Fremdeinschätzungen zu ergänzen. Die Gegenüberstellung von Selbst- und Fremdbild kann Reflexionsprozesse und die Ableitung von Beratungsschwerpunkten erfahrungsgemäß noch deutlich intensivieren.

Tab. 4.2: Übersicht über die Skalen des FIT-L (Merkmalsbeschreibungen zit. nach Schaarschmidt, Kieschke & Fischer, 2017, S. 44ff.). Die Skalen 1–5 gehören zum Bereich »Widerstandskraft und Bewältigungsverhalten«, die Skalen 6–8 zum Bereich »Sozial-emotionales Engagement« und die Skalen 9–11 zum Bereich »Grundfähigkeiten für wirksames pädagogisches Auftreten«.

Skala	Inhaltliche Merkmalsbeschreibung
Emotionale Stabilität	aus zwischenmenschlichen Problemen und erlebten Frustrationen resultierende Belastungen verkraften können
Stressresistenz und Flexibilität	auch unter Bedingungen von Reizüberflutung, Aufgabenfülle und Zeitdruck beeinträchtigungsfrei arbeiten

Tab. 4.2: Übersicht über die Skalen des FIT-L (Merkmalsbeschreibungen zit. nach Schaarschmidt, Kieschke & Fischer, 2017, S.44ff.). Die Skalen 1–5 gehören zum Bereich »Widerstandskraft und Bewältigungsverhalten«, die Skalen 6–8 zum Bereich »Sozial-emotionales Engagement« und die Skalen 9–11 zum Bereich »Grundfähigkeiten für wirksames pädagogisches Auftreten«. – Fortsetzung

Skala	Inhaltliche Merkmalsbeschreibung
	und sich flexibel auf unterschiedlichste Situationen einstellen können
Fähigkeit zum rationellen Arbeiten	in der Lage sein, Prioritäten zu setzen und die Arbeitsaufgaben in organisierter und rationeller Weise zu bewältigen
Erholungs- und Entspannungsfähigkeit	die Balance von Anspannung und Entspannung finden und sich in der Freizeit regenerieren können
Anstrengungs- und Entbehrungsbereitschaft	bereit sein, auch abends und am Wochenende zu arbeiten und ggf. Privates zurückzustellen
Wahrnehmung sozialer Verantwortung	gern Verantwortung für andere Menschen übernehmen wollen und bereit und in der Lage sein, sie auch im täglichen Handeln durchzusetzen
Freude an der Arbeit mit jungen Menschen	gern mit jüngeren Menschen zusammen sein, mit Tatkraft und Optimismus an ihrer Entwicklung mitwirken wollen
Warmherzigkeit und soziale Aufgeschlossenheit	als Kommunikationspartner kontaktfreudig und herzlich sein können
Motivierungsfähigkeit	andere Menschen und insbesondere die Schülerinnen und Schüler gewinnen und mitreißen können
Didaktisches Geschick und sprachlicher Ausdruck	zu vermittelnde Inhalte gut strukturieren und erklären können, sprachlich gewandt sein
Sicherheit im Auftreten	gegenüber verschiedensten Menschen und in einem größeren Kreis souverän auftreten und sich dabei auch stimmlich behaupten können

4.2 Kompetenz- und Gesundheitstrainings im Lehramt

4.2.1 Bedarfslage und Angebote

Karl Valentin soll einmal augenzwinkernd gegrantelt haben, er hoffe, es werde niemals so schlimm, wie es schon sei (Valentin, zit. nach Gerk, 2017, S. 50). Solche Stoßseufzer könnten auch dem entschlüpfen, der die Befunde zur Verbreitung ungünstiger Formen des Umgangs mit Stress bereits bei Lehramtsstudierenden zukunftskritisch wägt. Zur Erinnerung: Der Prozentsatz der B-Zugehörigen fluktuiert unter angehenden Lehrkräften je nach Untersuchungsstichprobe zwischen 25 und 30 %, der A-Anteil zwischen 12 und 19 % (vgl. Schaarschmidt, Kieschke & Fischer, 2017, S. 122f.; Roloff Henoch et al., 2015, S. 154).

Tatsächlich ist die Studienzeit – über alle Fachgrenzen hinweg – keineswegs bloß der »Urlaub vom Ernst des Lebens«, zu dem sie im Rückblick gern verklärt wird. Neben den Leistungsanforderungen der akademischen Ausbildung selbst drängen vielfältige soziale Entwicklungsaufgaben auf die Tagesordnung (vgl. Ackermann & Schumann, 2010). Hervorgehoben seien exemplarisch die folgenden. Die Transformation bisheriger Sozialbeziehungen (Aufbau neuer Netzwerke; Ablösung von der Herkunftsfamilie; Partnerschaften etc.) muss nicht nur »irgendwie« verdaut, sondern eigenverantwortlich gestaltet werden. Sinn- und Orientierungsfragen (»Wozu das alles? Was will ich wirklich?«) gewinnen größere Dringlichkeit, und über all dem schwebt die Nötigung, das ökonomisch halbwegs absichern zu müssen (z.B. mit Nebenjobs oder Krediten). Diverse Großuntersuchungen haben denn in der Tat eher missliche Indizien zur Gesundheitssituation von Studierenden angehäuft. Das berichtete Stressniveau ist hoch. Immerhin ein Viertel, nach anderen Statistiken gar ein Drittel der Studentenschaft leidet unter klinisch relevanten Belastungsproblemen (depressive und psychosomatische Symptome; vgl. Bailer, Schwarz,

Witthöft, Stübinger & Rist, 2008; Holm-Hadulla, Hofmann, Sperth & Funke, 2009; Techniker-Krankenkasse, 2007). Unter den neuen Studienstrukturen (Umstellung auf das Bachelor-Master-System) scheint sich das noch weiter zugespitzt zu haben. Die zunehmende Verschulung des Studiums (inklusive Erhöhung der Prüfungs-Frequenz) verkleinert Handlungs- und Zeitplanungs-Spielräume und schwächt so nicht zuletzt die Vereinbarkeit von akademischer Ausbildung und (Neben-)Erwerbstätigkeit. Sind familiäre Verpflichtungen auf der Agenda, kompliziert sich die Angelegenheit zusätzlich (vgl. Ramm, Multrus, Bargel & Schmidt, 2014; Gusy, Drewes, Fischer & Lohmann, 2009). Eine solche Sicht der Bologna-Dinge wird – wie sollte es anders sein – längst nicht von allen Betrachtern geteilt. Was rigorose Befürworter der Reform als Schritt in die richtige Richtung loben, ist nach Einschätzung von Reform-Skeptikern eine fatale Abweichung vom humboldtschen Idealweg. Schwärmen die einen von sinkenden Abbrecher-Zahlen, missbehagt anderen das vermeintlich sinkende Niveau der Ausbildung oder die drohende »Entkernung« der berühmten akademischen Freiheit. Bologna-freundlich wird dann zuweilen im Feuilleton geätzt, die alten Studienstrukturen würden allein von ihren Nutznießern verteidigt (also von Hochschulfunktionären und Professoren): »Die Frösche preisen den Sumpf als Paradies. Für den Rest bleibt es ein Sumpf. Der Rest, das waren wir Studenten« (Novotny, 2018, S. 67). Darauf ließe sich mehr als nur ein obligatorisches »Quak, Quak« erwidern, aber dies ist nicht das richtige Feuchtgebiet, pardon, der richtige Ort für derartige Einlassungen.

Sicher wäre es verkehrt, Gesamtbilder der Lebenswirklichkeit von Studierenden »schwarz-in-schwarz« oder »grau-in-grau« auszupinseln. Das ginge an der Sache vorbei und übertünchte monochrom, was eigentlich recht bunt ist. Aber die geschilderten Probleme sind eben mehr als harmlose Nebeneffekte einer wesenhaft luxuriösen Übergangsphase in die Verantwortlichkeiten des »reifen Erwachsenen«. Und wie so oft stößt man auf interessante Unterschiede, wenn man nur tief genug bohrt. Zum Beispiel ergeben sich Differenzen im Vergleich der Fachrichtungen. Lehramtsstu-

4.2 Kompetenz- und Gesundheitstrainings im Lehramt

dierende etwa schneiden im Spiegel von AVEM-Daten ungünstiger ab als Jura- und Medizinstudierende (der B-Muster-Anteil bei zukünftigen Medizinern beträgt laut Voltmer, Bochmann & Kieschke, 2007, zwischen 17 und 23 %, die B-Typ-Quote bei zukünftigen Juristen nach Römer, Appel, Rauin & Drews, 2012, 16 %). Handlungsbedarf muss also niemand mühsam herbeifabeln; er ist offenkundig. Mögliche Interventionen sollen indes nicht lediglich bereits eingetretene Schäden ausbessern. Dem vorgeordnet bliebe ein ehrgeizigeres Ziel: die *Prävention* von Fehlentwicklungen. Um das nachhaltig umzusetzen, wäre in Teilnehmergruppen idealerweise ein doppeltes Pensum anzupeilen: die Arbeit an den aufgedeckten Schwächen *und* die Weiterentwicklung vorhandener Stärken (vgl. Rust, Diessner & Reade, 2009). Richtschnur für Aussagen zur Relevanz von Förderangeboten darf deshalb keinesfalls nur der Prozentsatz aktueller Problemfälle sein; vielmehr wäre auf dem zentralen Zweck zu beharren, die Entstehung künftiger Problemfälle effektiv zu verhindern. Beides – kuratives wie präventives Handeln – kann mit Trainingsprogrammen erfolgsträchtig bewerkstelligt werden (vgl. Pieter & Wolf, 2013; Kaluza, 1997, 2002).

Trainingsprogramme just mit der Stoßrichtung Gesundheitsförderung gibt es zwar nicht wie den sprichwörtlichen Sand am Meer, aber doch in großer Zahl. Sie sind häufig um den Schwerpunkt »Stressbewältigung« zentriert. Prominente Referenzen für viele der neueren Programmentwicklungen in diesem Sektor bleiben das »Stressimpfungstraining« von Meichenbaum (1991) und das Konzept »Sicher und gelassen im Stress« von Kaluza (mittlerweile in 7. Auflage auf dem Markt; vgl. Kaluza, 2018a,b). Solche Trainings sind beileibe keine »Schmalspur-Varianten« von Präventionsarbeit. Sie schnüren zu einem Gesamtpaket oft weit mehr als simple »To-do-Listen« für Entspannungs- und Zeitmanagementtechniken. In der Regel bemühen sie sich um eine Integration kognitiver, körperlicher sowie verhaltensbezogener Aspekte und gliedern erlebnis- oder emotionsorientierte Elemente ausdrücklich mit ein. Neben dem Fokus »Stressbewältigung« sind weitere Trainings-Schwerpunkte für Lehramtsstudierende vorstellbar. Das Meiste, was Bordvorräte an berufsspezifischem Wissen und Können aufstockt, hat günstige Effekte auch in puncto gesundheitliche Entwicklung. Klugheit (im Sinne von auf hohem Niveau gegebener Handlungskompetenz) schützt dann vor dem Schaden, aus dem erst klug werden zu müssen, nicht klug wäre. So werden derzeit z. B. mit überzeugenden Zwischenergebnissen Trainings zur Förderung von Klassenführungskompetenzen erprobt, die sich offenbar ebenso als Maßnahmen der Stressprävention bewähren (vgl. Klusmann & Waschke, 2018, S. 61f.). In das Angebotstableau ließen sich ferner Kurse zu Stimmbildung und Sprecherziehung gut einschmiegen (▶ Kap. 4.2.3).

Bei der Auswahl von Gesundheitsförderungs-Programmen kann man sich gut mit Kriterienkatalogen behelfen, die den Suchraum für probate Ansätze anhand weniger Entscheidungsvorgaben kartieren. Wären folgende Fragen zu bejahen, ist Interesse mit einigem Grund geweckt:

- Beruht das Programm auf einer ausgearbeiteten Theorie?
- Enthält es risiko- *und* ressourcenbezogene Strategiekomponenten (setzt es sowohl auf die Verringerung von Defiziten wie auf den Ausbau von Stärken)?
- Erstreckt es sich über die individuelle Bezugsebene hinaus (nimmt es soziale und strukturelle Verhaltensdeterminanten oder die Besonderheiten eines speziellen Anwendungssettings mit in den Blick)?[17]
- Sind die Bedingungen für eine konzeptgerechte Umsetzung des Programms gegeben (existieren Manuale oder Curricula, bleibt der Hilfsmittelbedarf überschaubar etc.)?
- Ist eine Anpassung des Programms auf die Besonderheiten des Zielpublikums oder bestimmter Teilnehmergruppen möglich

---

17 Zum Beispiel wäre es ja hochgradig wünschenswert, dass ein Lehramtstraining Schulbezüge explizit herstellte.

4.2 Kompetenz- und Gesundheitstrainings im Lehramt

(erlaubt der Ansatz also eine gewisse inhaltliche und methodische Variabiliät)?
* Eröffnet das Programm Optionen für den Transfer des Gelernten (unterstützt es z. B. explizit die Verankerung der erlernten Techniken in Alltagszusammenhängen)?[18]

Und schließlich überaus wichtig und entscheidungszentral:

* Ist das Programm ordentlich evaluiert (sprich: sind *empirische* Belege für die Wirksamkeit des Programms abrufbar, die den methodologisch-methodischen Standards *evidenzbasierter* Forschung gerecht werden; vgl. zu besagten Standards: Gollwitzer & Jäger, 2014; Döring & Bortz, 2015)?

Für eine ganze Reihe von Stressbewältigungstrainings im Lehramtskontext können jene Fragen ohne größere Abstriche positiv beantwortet werden (wobei klar sein sollte, dass z. B. Evaluationsergebnisse immer und prinzipiell etwas Vorläufiges haben und demnach permanent ergänzungsbedürftig sind). Exemplarisch erwähnt seien (fernab jeden Vollständigkeitsanspruches):

* das Programm *AGIL* (Hillert et al., 2016; das Angebot umfasst vier Haupt- und sieben optionale Zusatzmodule; Schwerpunkte sind Wissensvermittlung und Selbstreflexion zum Thema Stress sowie die Einübung von Konfliktmanagement-, Zeitmanagement- und Erholungsstrategien),

---

18 Ein interessanter Vorschlag stammt hier von Sieland und Heyse (2010a, b). Ihr Unterstützungsprojekt »KESS: Kooperative Entwicklungsarbeit zur Stärkung der Selbststeuerung« bietet u. a. die Option, sich im Internet in eine virtuelle Lerngemeinschaft einzuloggen. Die im Konzept vorgesehene Kombination von Präsenzveranstaltungen (z. B. Fortbildungen) und webbasierten Angeboten (Peer- und Fach-Online-Beratung) sichert die Nachhaltigkeit von Lern- und Verhaltensänderungseffekten offenbar besser als das in rein individuellen Lernarrangements möglich wäre.

119

- das *Multimodale Stressbewältigungstraining für Lehramtsstudierende* (Karing & Beelmann, 2016; fünf Module mit den Schwerpunkten Wissensvermittlung, kognitive Umstrukturierung stressverschärfender Gedanken und Bewertungen, systematisches Problemlösen, Zeitmanagement und Achtsamkeit),
- das *Online-Training zur Förderung der Problemlösekompetenz* (Ebert et al., 2014; internetbasierte Unterstützung bei der Verbesserung eigener Bewältigungs- und Problemlösestrategien) und
- das Programm *Stark im Stress* (SiS) (Eckert & Tarnowski, 2017; das Training fokussiert in neun Modulen Aspekte der Emotionsregulation, also des Umgangs mit und der Selbstwahrnehmung von negativen und positiven Gefühlen; konzeptuell baut es auf dem bewährten »Training emotionaler Kompetenzen« von Berking [2017] auf).

Der nächste Abschnitt wird ein Trainingskonzept etwas genauer unter die Lupe nehmen, das im Rahmen der Potsdamer Lehrerstudie erstmals getestet wurde.

4.2.2 Das »Potsdamer Training zur Stärkung der individuellen Ressourcen« (Abujatum, Arold, Knispel, Rudolf & Schaarschmidt, 2007)

Das Programm, das in seinen praktischen Übungsanteilen stark an das Trainingskonzept »Sicher und gelassen im Stress« von Kaluza angelehnt ist, versucht den Zugang zum Thema Belastung durch eine vorgeschaltete Diagnostik konsequent zu individualisieren. Dies geschieht mittels AVEM im **Modul 1** des Trainings (▶ zur Ablaufstruktur des Programms Abb. 4.1). Jedem Teilnehmer werden sowohl seine Skalenwerte über die elf Dimensionen des Verfahrens als auch die für ihn ermittelte Typenzugehörigkeit rückgemeldet. Das ist eingebettet in eine Arbeitseinheit mit adressatengerechten Erläuterungen zu Voraussetzungen und Aussagemöglichkeiten des Fragebogens (in einer neueren Variante dieses Herangehens bindet man zusätzlich Informationen aus dem oben vorgestellten Fragebogen »FIT-L« in die Rückmeldung ein; vgl. Celebi, Krahé, & Spörer, 2014). Auf jener Grundlage werden dann Schwerpunkte für die persönliche Auseinandersetzung mit dem Komplex Arbeitsbelastung abgeleitet (► Tab. 4.1). Während für die Gruppen G und S die Festigung und Konsolidierung des eigenen Ressourcenmanagements bei Beachtung des heiklen Kernmerkmals »Engagements«[19] Vorrang haben, sind für Angehörige der Cluster A und B andere Aspekte zu betonen (Muster A: Abbau von Selbstüberforderungstendenzen und Stärkung der Erholungsbereitschaft; Muster B: Förderung von Selbstsicherheit und Suche nach Wegen aus Überforderungserleben und Resignation).

Modul 2 fächert die Durcharbeitung eigener Stress-Erfahrungen zu einer tiefer gehenden Ursachen-Analyse auf. Ziel ist es, starre Verantwortungszuschreibungen aufzuweichen. Weder sind immer nur die »Umstände« oder die »Anderen« schuld, noch wäre das Verursacherprinzip unter Absehung von allen Randbedingungen auf den Namen »Ich« zu taufen. Wichtig bleibt gleichwohl, die individuellen Anteile an problematischen Entwicklungen klarer zu erkennen (die Betrachtungen solcher Verhaltensmomente ist wiederum durch die Beschäftigung mit der AVEM-Diagnose gut vorgerastert). Statt in Eventualitäten zu schwelgen (»Wäre mir Vorhaben X gelungen, stünde ich viel besser da ...«) oder sich von ihnen angruseln zu lassen (»Passiert jetzt auch noch X, wäre das Maß endgültig voll ...«), soll eine nüchterne Bestandsaufnahme versucht werden. Freilich, nicht immer wird das in der gediegenen Klarsichtigkeit glücken, die Gottfried Benn in einer berühmten Passage seines Prosastückes »Der Ptolemäer« beschwört:

»Falls Sie die Maximen meines Lebens hören wollen, so wären sie folgende: 1.) Erkenne die Lage. 2.) Rechne mit deinen Defekten, gehe von deinen

---

19 Die Angehörigen der einen Gruppe zügeln sich zu stark (Muster S), die der anderen sind eher in der Gefahr, das zu wenig zu tun (Muster G).

Beständen aus, nicht von deinen Parolen. 3.) Vollende nicht deine Persönlichkeit, sondern die einzelnen deiner Werke ...« (Benn, 1947/1991, S. 214).

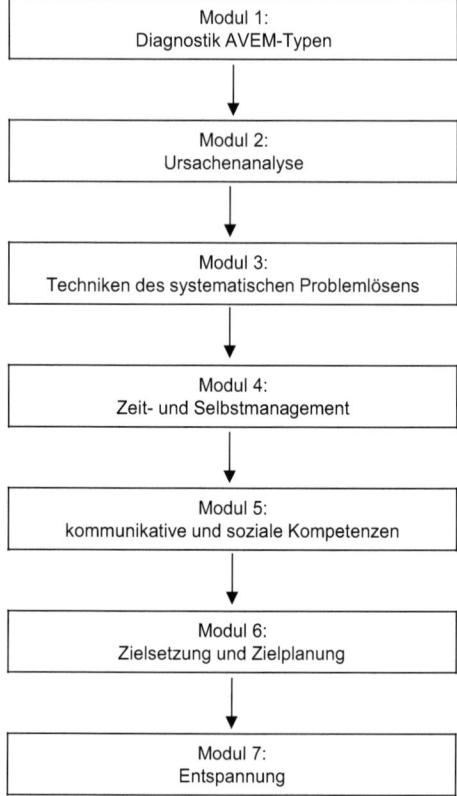

Abb. 4.1: Übersichtsschema zum Potsdamer Lehrertraining

Modul 3 wendet die Ursachen-Analyse ins Konstruktive. Zu beantworten sind die Fragen »Was muss sich ändern?« und »Was muss ich ändern?«. Die Probanden machen sich hierzu im geschützten Raum der Trainingsgruppe mit der Technik des systematischen Problemlösens vertraut (vgl. Kaluza, 2018a,b; Margraf & Schneider, 2018). Indem ich Anderen mein konkretes Problem möglichst plastisch schildere und auf die Einwürfe meiner Zuhörer reagiere, bekomme ich ein Gespür für die Relativität und Perspektivenabhängigkeit der Deutungen, auf die ich mich bislang »verkrampft« habe. Ein Problem präzise und gleichsam multidimensional abzubilden, ist schon ein hochproduktives Element der Problemlöse-Anstrengungen. Die im Gesprächskreis vorgeschlagenen Lösungen werden dann vom Betroffenen auf Plausibilität und Umsetzbarkeit hin bewertet.

Modul 4 führt in klassische Techniken von Zeit- und Selbstmanagement ein (vgl. Kleinmann & König, 2018). Über das rein Handwerkliche hinaus gilt es zu vermitteln, dass die Übungen ihren Nutzen erst durch kontinuierliche Wiederholung und eine sinnvolle Verankerung im Alltag jenseits der Trainingssituation entfalten können.

Modul 5 schult kommunikatives und soziales Verhalten. Dazu steht eine ganze Reihe von Rollenspiel-Vorlagen zur Verfügung (die Beispielszenarien sind zudem in unterschiedliche Beteiligungskonstellationen eingepasst: Lehrer-Schüler-, Lehrer-Eltern-, aber auch Kollegen- und Lehrer-Schulleiter-Gespräche). Neben den Übungsdurchläufen mit verteilten Rollen kommt der Reflexion des Gesagten und Gesehenen ein großer Stellenwert zu.

Modul 6 widmet sich Fragen der motivationalen Selbstregulation. Persönliche Ziele sind Ausdruck von Selbstbestimmungsprozessen. Sie verleihen dem Alltag von Menschen Bedeutung und Struktur. Als »Attraktoren« unseres Handelns und Erlebens haben sie zugleich unmittelbare Relevanz für das individuelle Wohlbefinden: Wenn das, was ich in realistischer Einschätzung meiner Möglichkeiten und Bedürfnisse wirklich will, näher rückt, verbessert das die Ausgangsposition für alles Weitere merklich (vgl. Brunstein, Schultheiss & Maier, 1999). Positive Gefühlszustände und zunehmende Aktionsbereitschaft sind die Folge. Umgedreht ist es von großer Wichtigkeit, Ziele, die – aus welchen Gründen immer – nicht (mehr) zu verwirklichen sind, aufzugeben. Kette ich mich an unrealistische Ziele, stauen sich über die Zeit Misserfolgserlebnisse und negative Emotionen an. Gesünder ist es allemal, das sinkende Schiff zu verlassen, bevor einen die Trümmer mit in die Tiefe strudeln.

Das Modul fördert die Reflexion des eigenen Anspruchdenkens und der Selbstverpflichtung auf berufsbezogene Ziele durch theoretische und praktische Impulse. Jeder Teilnehmer soll vor dem Hintergrund der Trainingserfahrungen und einer kurzen motivationspsychologischen Einführung persönliche Entwicklungsziele formulieren sowie realisierbare und gut planbare Zwischenschritte zur Umsetzung eines zentralen Vorhabens ableiten. Darüber kann dann im Plenum oder in persönlichen Beratungsgesprächen genauer geredet werden.

Modul 7 schließlich wartet mit dem auf, was Laien am ehesten mit dem Stichwort »Stressbewältigungstraining« verknüpfen: Entspannungstechniken. Die Probanden erlernen nach einem Informationsteil den Umgang mit Elemente aus den Bereichen »Progressive Muskelrelaxation«, »Atemlenkung« und »Fantasiereise« (vgl. zu den einzelnen Schwerpunkten z. B. Kaluza, 2018a; Wagner-Link, 2010).

Der modulare Aufbau des Trainings sichert größtmögliche Flexibilität im Umgang mit den Hauptproblemlagen der jeweiligen Trainingsgruppe: Im Bedarfsfall können die Möglichkeiten und Übungsanteile eines bestimmten Moduls stärker ausgereizt werden als die eines anderen. Mittlerweile sind eine ganze Reihe von Spezifizierungsvorschlägen und Materialien für die Anwendung der Trainingselemente in verschiedensten Kontexten der Arbeit mit (angehenden) Lehrkräften veröffentlicht worden (etwa zum Training mit Studierenden, Referendaren und mit erfahrenen Pädagogen im Rahmen von Schulentwicklungsmaßnahmen; vgl. vor allem: Schaarschmidt & Fischer, 2016). Zumal für Durchführungen im Lehramtsstudium sind mittlerweile Evaluationsergebnisse mit akzeptablen Fallzahlen im Experimental-Kontrollgruppendesign verfügbar: In einer Stichprobe von 366 Lehramtsstudierenden verringerte sich drei Monate nach dem Training der Anteil der B- und A-Muster-Zugehörigen signifikant zugunsten von G- und S-Repräsentanten (vgl. Abujatum et al.,

2007; siehe auch Celebi, Krahé & Spörer, 2014; Celebi, Spörer & Krahé, 2014).

4.2.3 »Die Stimme stimmen«. Anmerkungen zu Stimmbildung und Sprecherziehung bei Lehrkräften

Die in Berufskontexten mit guten Gründen allenthalben für unerlässlich gehaltene »soziale Kompetenz« hat – was häufig unterbewertet wird – stimmliche, sprachlich-stilistische, mimische und gestische Aspekte. Sie sind als performative Elemente für die Außenwirkung meist genauso wichtig, zuweilen wichtiger als die »bloßen« Inhalte des Handelns und Sprechens. Mit ihnen verbreitert oder verengt sich das Wirkspektrum unseres Agierens im sozialen Raum auf bedeutsame Weise (vgl. z. B. Hall, Coats & LeBeau, 2005; Hall, Knapp & Horgan, 2013; Hall, Schmid Mast & West, 2017). Ein schlecht vorgetragenes Referat kann die inhaltlich-sachliche Richtigkeit, gar Brillanz der Einlassungen genauso verschleiern wie ein gut phrasierter und stilistisch originell gestalteter Beitrag Belanglosigkeiten zu unverhofftem Glanz aufputzt. Der Text, der monoton heruntergeleiert oder zu schnell dahin genuschelt unverständlich bleibt, ist dem Verständnis des Publikums oft problemlos zugänglich, wenn er in angemessener Rhythmik, Lautstärke und Sprechgeschwindigkeit verlesen oder schauspielerisch zum Leben erweckt wird. Schon Nietzsche insistierte wohl zu Recht:

> »Das Verständlichste an der Sprache ist nicht das Wort selber, sondern Ton, Stärke, Modulation, Tempo, mit denen eine Reihe von Worten gesprochen wird – kurz die Musik hinter den Worten, die Leidenschaft hinter dieser Musik, die Person hinter dieser Leidenschaft: alles das also, was nicht geschrieben werden kann« (Nietzsche, 1882/1988, Bd. 10, S. 89).

Dieses »Verständlichste an der Sprache« übt Reiz und Wirkung nicht nur auf das Publikum aus; es »fesselt« auf spezielle Weise auch den Redenden. Der Heidelberger Psychologie-Professor Johannes Rudert notierte dazu einst:

»Er (der Sprechende; U.K. & F.K.) erfährt in seiner Stimme seine eigene Präsenz. Kinder steigern in dem Lärm, den sie machen, ihr Daseinsgefühl, so wie geräuschvolle Drohungen den eigenen Mut des Kampfeslustigen heben. Der Klagelaut gibt mir meinen eigenen Kummer zurück« (Rudert, 1965, S. 429).

Sprechend erreiche (oder verfehle) ich demnach nicht nur meine Mitmenschen. Als Redner und zugleich als Zuhörer meiner selbst bin ich sozusagen in »doppelter Ausfertigung« ständiger Teil der Rückkopplungsschleifen zwischen Sprechhandlung und der eigenen körperlich-psychischen Gesamtverfassung. Nun ist kaum eine Tätigkeit so stimm- und sprechintensiv wie das Unterrichten. Vor jenem Hintergrund wäre ein Überblick zur Lehrergesundheit unvollständig, wenn er den Themenbereich »Stimme und Stimmprobleme« nicht wenigstens »anschürfte« (tatsächlich wäre er für sich schon abendfüllend). Die stimmliche Dauerbeanspruchung im Lehrerberuf fordert ihren Tribut. Lehrpersonen konsultieren wegen Stimmproblemen häufiger als Vertreter anderer Beschäftigungssparten den Arzt (vgl. Roy, Merrill, Thibeault, Gray & Smith, 2004; Nusseck, Echternach, Spahn & Richter, 2013). Fast jede zweite Lehrkraft wird im Laufe ihrer Beschäftigung mit einer einschlägigen Symptomatik bei Medizinern vorstellig (vgl. Kooijman et al., 2006; van Houtte, Claeys, Wuyts & van Lierde, 2012). Bei über 10 % der Betroffenen verstetigen sich die Schwierigkeiten zu chronischen Erkrankungen (vgl. z. B. Puchalla, 2017). Das Beschwerdespektrum erstreckt sich von Heiserkeit über Hustenreiz und stimmliche Ermüdungserscheinungen bis hin zum vollständigen Stimmverlust. Die genannten Beeinträchtigungen sind Indikatoren dafür, dass das komplexe Zusammenspiel von Atmung, Stimmlippenbewegung und Artikulationsmotorik gestört ist (z. B. infolge von Verspannungen im Kehlkopf oder der Kiefer-, Rachen- und Halsmuskulatur). Stress kann hier ein auslösendes oder verstärkendes Moment sein. Nervosität und akute Belastung erhöhen die Atmungsfrequenz (und sorgen gleichzeitig für flachere Atmung), lassen die Stimme zittern (im schlimmsten Fall bis zum »Wegbrechen«) und begünstigen einen »falschen«, gewissermaßen unphysiologischen Stimmgebrauch (ein gegenüber der individualtypischen Normallage zu hohes oder zu tiefes Sprechen). Das ist ein starker Grund dafür, Stimmtrainings um Module zum Thema »Stressbewältigung« zu erweitern oder umgekehrt Übungseinheiten zur Stimmbeherrschung in Stressbewältigungstrainings einzupflegen (tatsächlich wird derartiges aktuell versucht; vgl. Nusseck et al., 2013; Nusseck, Richter, Echternach & Spahn, 2017).

Man muss sich allerdings klarmachen, dass selbst psychisch »robustere Naturen« unter den regulären Arbeitsplatzbedingungen an Schulen Gefahr laufen, Stimme und Stimmapparat überzustrapazieren. Schließlich kommt man nicht umhin, sein Sprechen auf die Verhältnisse vor Ort einzustellen, also z. B. die Umgebungslautstärke in Klassenräumen zu übertönen (diese wiederum hängt u. a. von der Anzahl der Anwesenden in Relation zu Raumgröße und -akustik ab). In Klassenzimmern herrscht während des Unterrichts eine Lautstärke zwischen 60 und in Spitzen 80 dB (vgl. Schönwälder, Berndt, Ströver & Tiesler, 2004). Nur zur Verdeutlichung der Relationen: Bereits ab etwa 55 dB Schalldruck werden Geräusche als Lärm und auf Dauer als störend empfunden (vgl. Marks, 1999). Um verbal verständlich zu bleiben, müssen Lehrkräfte die aktuelle Umgebungslautstärke um 2 bis 5 dB überbieten – und das über größere Zeitstrecken hinweg (vgl. Nusseck et al., 2013). Freilich sind nicht nur akustische Reize, die regelrecht in den Ohren dröhnen, belastungsrelevant. Auch Wispern und Hintergrundmurmeln, ergo Geräusche mit einer Schallintensität weit unter den in Arbeitsschutzbestimmungen festgesetzten Grenzwerten, lassen zuweilen Nerven flattern, so einem der letzte noch nicht geraubt ist. Ohnehin bliebe zu bedenken, dass die Rechnung »je stärker der physikalische Reiz (Schalldruck), desto größer der erlebte Stress« kaum durchweg aufgeht. Andernfalls müssten Musiklehrer generell gestresster sein als etwa Mathelehrer, weil deren Unterrichtsstunden sich zumindest (aber keineswegs nur) von der Durchschnittslautstärke her unterscheiden dürften. Konsistente Belege für solche fachbezogenen Stress-Unterschiede fehlen aber bislang.

Hat jemand Probleme mit seiner Stimme (egal ob konstitutionell oder erworben), zermürbt das nicht nur ihn als Redner, sondern unter Umständen auch seine Zuhörer. Eine stabile und modulationsfähige Stimme ist zum einen eine wichtige Bedingung, um sich in der Sprecher-Rolle alsbald zu akklimatisieren und wohl zu fühlen. So entspringt das, was alltagssprachlich als »natürliche Autorität« bewundert wird, nicht zuletzt stimmlich vermittelter Selbstsicherheit. Zum anderen wirkt Stimme über Sympathie- und Expertenanmutung hinaus auf Rezipienten. Aus Studien weiß man beispielsweise, dass Zuhörer-Aufmerksamkeit und -Interesse sowie die Aufnahme des Inhalts (ergo: die semantische Verarbeitung verbaler Informationen) durch stimmliche Besonderheiten des Redenden beeinflusst werden. Stimmprobleme der Lehrkraft haben negative Effekte auf die Lernleistungen der Schüler (vgl. Rogerson & Dodd, 2005). Dessen eingedenk sind Zahlen, die in den letzten Jahren veröffentlich wurden, alarmierend. In einer Studie von Lemke (2006) waren ca. 37 % der untersuchten Lehramtsstudierenden stimmlich auffällig – wohlgemerkt: *vor* dem Berufseinstieg. Berger und Ettehard (1998) hauen in die gleiche Kerbe, wenn sie von auffälligen Stimmbefunden bei fast 45 % ihrer studentischen Untersuchungsteilnehmer berichten. Das sind übrigens keine Probleme, die erst neuerdings aufpoppen. Umso mehr erstaunt, dass man in Sachen Präventions- und Interventionsarbeit nicht systematisch weiter aufrüstet. Ganz im Gegenteil: Vielerorts sind Ressourcen und Stundenkontingente für Stimmdiagnostik und Sprecherziehung über die Jahrzehnte eher abgeschmolzen worden. Bis in die 1970-Jahre hinein wurde an bundesdeutschen Hochschulen bei der Studierendenauswahl sehr wohl auf stimmliche Ausgangslagen geschaut (oder eben gelauscht; vgl. Puchalla, 2017, S. 50).[20] Heute sind phoniatrische Gutachten vor Studienbeginn die Ausnahme und nur wenige Universitäten gönnen sich den

---

20 In der ehemaligen DDR waren sowohl Gutachten zur stimmlichen Tauglichkeitsprüfung vor Studienbeginn als auch sprecherzieherische Ausbildungsanteile im Studium Pflicht (vgl. Neuber, 1999).

4.2 Kompetenz- und Gesundheitstrainings im Lehramt

Luxus einer konsequenten Vertretung des Themenschwerpunkts »Sprecherziehung« (vgl. Skupio & Hammann, 2000). Zumindest punktuell versucht man gegenzusteuern. Zu erwähnen ist etwa das Projekt »Stimmliche und mentale Gesundheit für Lehrkräfte in Baden-Württemberg«, das seinen »Stapellauf« im Freiburger Institut für Musikermedizin hatte (vgl. Nusseck et al., 2013, 2017). Man verfolgt dort einen interdisziplinären Ansatz (beteiligt sind Lehrerbildungsstätten, medizinische und stimmtherapeutische Einrichtungen), um Referendare für die stimmlichen und mentalen Herausforderungen des Berufes gezielter zu ertüchtigen. Wünschenswert bliebe es allemal, entsprechende Bemühungen schon wesentlich früher in Ausbildungsmodulen zu verankern (vgl. zu konkreten Inhalten solcher Trainingseinheiten wie Atmungs-, Artikulations-, Körperhaltungs- und Stimmlagenübungen: Gutzeit & Neubauer, 2013; Ehrlich, 2011).

5
Lehrergesundheit als Thema in Schulentwicklungsprozessen

5.1 Warum Gesundheit keine rein individuelle Angelegenheit ist. Eine kurze Problemskizze zur Einführung

Raucher suchen Gegner des »blauen Dunsts« in Meinungsscharmützeln oft mit dem Argument zu überrumpeln, ihre gesundheitsschädigende Angewohnheit entlaste am Ende die Solidargemeinschaft der Krankenkassenmitglieder, weil Tabak das Ableben seiner Genießer beschleunige. Sie würden das System deshalb weniger schröpfen als die langlebigen »Gesundheitsapostel«, deren

5.1 Warum Gesundheit keine rein individuelle Angelegenheit ist

irgendwann unausbleibliches Siechtum bloß später einsetze und weniger rasant sei. Ob und inwiefern das eine »Milchmädchenrechnung« ist, mögen Gesundheitsökonomen durchkalkulieren. Richtig aber bleibt, dass andere von meinem Gesundheitsstatus mitbetroffen sind – und zwar nicht allein in dem trivialen Sinne, dass sie mich bemitleiden, ob meiner Robustheit Anerkennendes murmeln oder hinter meinem Rücken schadenfroh grienen. Krankenversicherungen fußen wie der große Rest der Versicherungsangebote auf dem Prinzip des geteilten Risikos. Wenn viele einzahlen und das System nicht durch Maximalbeanspruchung überdehnen, wird es für den Einzelnen billiger, dann doch eingetretene Schadensfälle zu bewältigen. Die Versicherung schirmt den Kunden gegen die Dauer-Zumutung einer kompletten Privathaftung ab. In Kauf zu nehmen hat man natürlich, dass die entrichteten Beiträge nicht exklusiv für die eigenen Belange aufgezehrt werden können. Man ist zahlendes Mitglied des »Clubs«, obwohl der von anderen Beitragszahlern eventuell stärker frequentiert, vielleicht gar »verwüstet« wird. Bei stetem Wachstum solcher Ungleichgewichte hagelt es zuweilen Grundsatzkritik, beispielsweise in dieser Art: »Die Kosten von Faulheit, Völlerei, maßlosem Alkoholkonsum, rücksichtslosem Fahrverhalten, sexuellen Ausschweifungen und Rauchen sind heute eine nationale und nicht nur individuelle Verantwortung ... Die Freiheit des einen in Gesundheitsdingen ist die Fessel eines anderen in Form von Steuern und Versicherungsprämien.« So wetterte der Arzt und Präsident der Rockefeller-Stiftung John H. Knowles bereits 1977 gegen die Auswüchse gesundheitlicher Unachtsamkeit (zit. nach Ehrenreich, 2018, S. 80, die freilich in dem sehr pointiert vorgetragenen Statement bereits die Ketten einer »Gesundheitsdiktatur« klirren hört, die Fitness zum moralischen Imperativ rücksichtsloser »Selbstoptimierer« aufbläht).

Im Kern hat Knowles allerdings Recht, wenn er daran erinnert, dass Gesundheit keine rein individuelle Angelegenheit ist, die aus sozialen Zusammenhängen gleichsam ausgestöpselt werden kann. Das Arbeitspensum des krankgeschriebenen Kollegen z. B. taut ja nicht wie Eis in der Sonne weg, nur weil er fehlt. Es wird im Zweifel den verbliebenen Beschäftigten aufgebürdet. Ein hoher Krankenstand im Kollegium ist zudem eher selten ein Zeichen für das höchst zufällige Zusammentreffen verschiedener und völlig unabhängiger Leidensgeschichten. Kurz, es kann mit guten Gründen zu einem *systemischen* Blick auf das Gesundheitsgeschehen am Arbeitsplatz ermuntert werden. Solche wechselseitigen Abhängigkeiten in »sozialen Aggregaten« begegnen selbstredend auch dem, der zu Fragen der Lehrergesundheit forscht. Das sei zunächst mit Hilfe einiger Befunde zu gesundheitlichen Effekten des Schulleiter-Handelns demonstriert (jene Effekte sind übrigens nicht nur für die anderen Angehörigen des Kollegiums relevant, sondern ebenso für den Chef selbst). In einem zweiten Schritt soll umrissen werden, wie solch ein systemischer (sprich: auf die jeweilige Einzelschule und ihr Kollegium ausgerichteter) Präventions-Ansatz beschaffen sein könnte. Als Beispiel dient uns das Programm »Denkanstöße!« (Schaarschmidt & Fischer, 2016).

5.2 Führungshandeln als Gesundheitsdeterminante in Schulen

5.2.1 Aufgaben und Dilemmata schulischen Leitungspersonals

Gemessen an dem Kompetenzprofil, das einen Kandidaten zum idealen Anwärter auf das Amt des Schulleiters qualifiziert, erscheint Alleskönnertum beinahe als läppische Inselbegabung. Der wahre Kern hinter dieser paradox zugespitzten Formulierung: Schulleiter sind längst nicht mehr nur Lehrkräfte mit zusätzlichen Verwaltungsaufgaben (vgl. Harazd, Gieske & Rolff, 2009; Rolff, 2016; Teichert, Ratajczak & Ofianka, 2018; Wissinger, 2014). Sie kümmern sich hauptverantwortlich um die innere und äußere Ordnung der Bildungs- und Erziehungsarbeit in ihren Einrichtun-

5.2 Führungshandeln als Gesundheitsdeterminante in Schulen

gen. Ihnen obliegt die sachadäquate Umsetzung von Rechts- und Verwaltungsvorschriften genauso wie die von hausinternen Konferenzbeschlüssen. Sie wirken an der Schnittstelle zwischen Schulaufsicht und Kollegium und manches Mal leiden sie dort auch. Die Baustellen, die beaufsichtigt oder tatkräftig mitbeackert werden müssen, sind zahlreich. Schulleiter stricken an Vertretungsplänen und Ganztagskonzepten, suchen Sonderpädagogen für Inklusionskinder und Sprachlehrer für Zugewanderte zu gewinnen, führen Personalgespräche, leiten Konferenzen, sind für die Außendarstellung *ihrer* Schule in der Pflicht, sühnen den »Luxus«, Geld für allfällige Sanierungsprojekte auf dem Gelände zu haben, mit einem immensen Aufwand an Koordinierungs- oder Planungsarbeit, dürfen sich in Detailfragen des operativen Betriebs einfuchsen (vom Schul-WLAN über Datenschutz bis hin zum Umgang mit Schulschwänzern oder anderen »Problemfällen«) und sollen bei alldem freundlich zugewandte Ansprechpartner für Kinder, Eltern, Kollegen und vorgeordnete Dienstbehörden sein. Die seit einigen Jahren laufenden Bemühungen, Einzelschulen mit größerer Gestaltungsautonomie (z. B. in puncto Budget- und Personalverwaltung) auszustatten, werden das Aufgabenspektrum für pädagogische Führungskräfte eher noch verbreitern. Dass der Bewerberpool ob solcher Anforderungsballungen nicht gerade »überschwappt«, verblüfft wenig. Nach neueren Zahlen sind an Grundschulen bundesweit fast 1000 und an Gymnasien bzw. anderen weiterführenden Schulen ca. 500 Führungsposten vakant (vgl. Arp, Friedmann & Olbrisch, 2018). Wo Mangel noch nicht herrscht (gute Nachricht), droht er (schlechte Nachricht). In absehbarer Zeit wird eine Pensionierungswelle selbst über lokal durchaus achtbare Bestands-Statistiken hinwegrollen. Das Durchschnittsalter der momentan in Baden-Württemberg beschäftigten Schulleiter z. B. beträgt über 50 Jahre (ebd.). Der Wechsel auf den Chef-Sessel wird zudem nicht einmal zwingend mit nennenswerten Gehaltszuwächsen versüßt: Grundschulrektoren streichen in manchen Bundesländern lediglich 170 Euro pro Monat mehr ein als ihre Kollegen ohne Führungsverantwortung (ebd.). Regionale und schulformbezogene Unterschiede sind da zugegebenermaßen weit gespreizt (Grundschulrektoren werden wie Schulleiter anderer Einrichtungen in Bayern z. B. deutlich über dem Bundesschnitt besoldet). Die Ziffer auf dem Gehaltsscheck ist freilich nicht alles und schon gar nicht der alleinige Zugangs-Code zu Glück und Zufriedenheit. Gewiss würde es die Bewerberlage spürbar verbessern, wenn man den Hierarchie-Sprung ins Führungsamt zudem durch passende Aus- oder Fortbildungsmaßnahmen flankierte. Dazu werden in einzelnen Bundesländern bereits vielversprechende Optionen getestet (das reicht von der Einrichtung mehrwöchiger Qualifikationskurse über die Implementierung einschlägiger Aufbaustudiengänge bis hin zur Schaffung von Mentorensystemen). Im Gespräch ist ferner die Einstellung von Schulverwaltungsassistenten, die Rektoren bei der Abwicklung bürokratischer Routinen entlasten sollen (so geplant z. B. in Baden-Württemberg).

Man wird abwarten müssen, ob das die Probleme bei der Nachwuchsrekrutierung hinlänglich abpuffert oder gar beseitigt. Denn noch andere Komplizierungsfaktoren sind dem Berufsbild inhärent. Das Potenzial für zermürbende Rollenkonflikte etwa ist in der Schulleiterposition größer als in anderen organisatorischen Kontexten von Führungsarbeit. Dies hat verschiedene Gründe. Zwei zentrale seien kurz erläutert:

- Die Wirkmöglichkeiten eines Rektors sind klar limitiert – und zwar nicht allein durch die Bescheide der übergeordneten Verwaltungsebene, denen unbedingt Folge zu leisten ist. Schulkonferenzbeschlüsse binden den Schulleiter gewissermaßen »von unten«, von der Mitarbeiter-Basis her; er kann seine Agenda ergo nicht einfach wie in einem hierarchisch gestaffelten Arbeitssetting kraft »eigener Machtvollkommenheit« durchpeitschen. Vielmehr muss er in vielen Fragen der Schulentwicklung um Zustimmung *aktiv* werben.
- Rektoren haben häufig eine Vorgeschichte in der jetzt von ihnen geleiteten Institution. Sie waren Kollegen unter Kollegen

(und unterrichten nicht selten noch, wenn sie als Schulleiter amtieren, wenn auch in geringerem Umfange). Die neue Tätigkeit verlangt indes die Übernahme weiterer Perspektiven. So wird der Blick unter solchen Vorzeichen öfter von der Heterogenität der *Schülerschaft* zu der der *Lehrerschaft* schweifen. Themen, mit denen man auf anderer Ebene längst vertraut war, erfahren markante Akzentverschiebungen. Nehmen wir – wie immer schmerzfrei in der Wahl des Beispiels – das Stichwort »Raufen«. Statt dazwischen zu grätschen, wenn Schüler A mit Schüler B rauft, wird es nun zur dringlicheren Aufgabe, dass die Belegschaft sich zu einem funktionierenden Kollegium zusammenrauft. Das wird auch den Blick der anderen auf die neue Führungskraft ändern. Der »Leidensgenosse«, mit dem man sich bisher ohne Argwohn duzte, ist plötzlich berechtigt, ja nach Jobprofil verpflichtet, Dienstbeurteilungen über einen auszufertigen. Dieses »Eingeklemmt-Sein« zwischen gewohntem Kontakt auf Augenhöhe und sachlichen Befugnissen, die einen anderen Rang und Disziplinierungsrechte anzeigen, kann zum Problem werden – und zwar für beide Seiten: den aktuell Vorgesetzten und den aktuell Weisungsempfangenden.

5.2.2 Schulleiter als Gesundheitsmanager

Eingedenk des geschilderten Facettenreichtums von Führungsverantwortung in Schulen könnte man fast zu dem Schluss gelangen, zur Standardsituation dortiger Leitungskräfte sei das Fehlen von Standardsituationen geworden. Ganz so diffus und fragmentiertunübersichtlich sind die Verhältnisse dann doch nicht. Aber bestimmte Zuständigkeiten dürften im Blickfeld der Betrachter (und der betroffenen Führungskräfte!) prominenter aufragen als andere. Zu den Themen, die in der Diskussion um Kernanliegen schulischer Führungsarbeit lange Zeit eher ein Schattendasein fristeten, zählt der Komplex Lehrergesundheit. Er ist jedoch nicht nur ein ebenso ehrenwertes wie fakultatives Betätigungsfeld für einschlägig Interessierte, sondern in vielen Stellungnahmen mittlerweile als obligatorischer Bestandteil des Rektorenamtes eingestuft. So heißt es in einem entsprechenden Papier der Kultusministerkonferenz unmissverständlich:

»Die Schulleitungen haben in der Umsetzung des Gesundheitsmanagements und der Gesundheitsförderung im Rahmen der schulischen Personal- und Organisationsentwicklung eine zentrale Funktion und Verantwortung« (KMK, 2012, S. 2).

Das verläppert sich übrigens keineswegs in wohlmeinenden Empfehlungen. Schulleiter haben eine gesetzliche Pflicht zu Prävention, Gesundheitsförderung und Fürsorge (vgl. Hundeloh, 2010). Nach Arbeitsschutzgesetz (ArbSchG) sind sie qua Führungsrolle in der Verantwortung, Maßnahmen zur Verhütung von Arbeitsunfällen, zur Abwehr arbeitsbedingter Gesundheitsgefahren und zur »menschengerechten Gestaltung der Arbeit« zu ergreifen (vgl. ArbSchG, § 2, Absatz 1; ähnliche Verantwortungszuschreibungen sind in manchen Bundesländern Gegenstand expliziter Dienstvorschriften und/oder Schulgesetzregelungen; vgl. Gerick, 2014, S. 43f. u. S. 304ff.). Die Hochansetzung des Themas wird auch darin deutlich, dass man es mittlerweile mit dem Bildungsauftrag von Schulen eng verflochten sieht:

»Gute Schulen sind erfolgreich in drei Grunddimensionen: Sie stärken das Wohlbefinden und die Gesundheit der Lehrenden und Lernenden, sie zeichnen sich durch eine gute Qualität des Lernens, des Unterrichtens und der Schulprozesse aus, und sie führen zu guten Lern- und Arbeitsergebnissen der Beteiligten« (Posse & Brägger, 2008, S. 46).

Das Ziel ist klar, die Wege dorthin nicht unbedingt. Orts- und »wege-kundig« sollen aber zentral die Führungsverantwortlichen sein. Wie aber beeinflusst Führung überhaupt Mitarbeitergesundheit? Die Forschung lokalisiert Effekte vor allem auf drei Ebenen (vgl. u. a. Franke, 2012; Gerick, 2014; Laux, 2012):

• **Direkte Interaktion:** Wichtige Leitfragen zur genaueren Bestimmung der Interaktionsstile und -qualität könnten z. B. fol-

5.2 Führungshandeln als Gesundheitsdeterminante in Schulen

gendermaßen zugeschnitten sein (wobei der erste Teil der Frage jeweils die gesundheitlich günstigere Variante abbildet). Suchen Schulleiter das Gespräch mit den Kollegen oder ducken sie sich eher weg? Tritt der Vorgesetzte dem Mitarbeiter freundlich zugewandt, vertrauens- und respektvoll gegenüber oder wird von vornherein die Karte der »Amtsautorität« gezückt und auf Hierarchieunterschiede gepocht? Werden konstruktive und nachvollziehbare Rückmeldungen gegeben oder herrscht eine Kultur »bloßer Verlautbarungen« ohne Chance auf einen echten Dialog? Kann man auf gemachte Zusagen (z. B. in Konfliktfällen mit Schülern, Eltern oder Kollegen) bauen oder wird situationsabhängig taktiert (»das Fähnchen in den Wind gehängt«)? Ist man offen für Kritik aus dem Kollegium oder panzert man sich gegen solche »Zumutungen« konsequent ab? Die Liste der Fragen wäre ohne Probleme noch zu verlängern; einige der Kernpunkte wurden aber zumindest gestreift.

- **Gestaltung der Arbeitsbedingungen vor Ort:** Auf dieser Ebene sind Regelungen und räumlich-sachliche Gegebenheiten der Alltagsorganisation schulischer Arbeit genauer zu betrachten. Eine Einschätzung der betreffenden Aspekte könnte sich an dem kurzen Fragenkatalog orientieren, den wir jetzt exemplarisch aufblättern wollen (in Kapitel 5.3 wird ein organisationsdiagnostisches Verfahren zur Sprache kommen, das eine systematische und messtechnisch zuverlässige Abprüfung solcher Punkte erlaubt: der »Arbeits-Bewertungs-Check für Lehrkräfte – ABC-L«; vgl. Kieschke & Schaarschmidt, 2007). Bestehen klare Verfahrensvorgaben für Problembearbeitungen (Umgang mit der Abwesenheit von Kollegen; Informationswege für schulrelevante Neuigkeiten; Transparenz der Raum- und Stundenplanung; Sprechzeiten etc.)? Wie wird die Teamentwicklung, sprich: die Zusammenarbeit im Kollegium unterstützt (Gerechtigkeitsstandards und einheitliches Handeln in der Kollegenschaft; Förderung des Austausches unter den Lehrenden; Einbindung aller in Schulentwicklungsprojekte; Gestaltung von Konferenzen und Beratungen; Angebot und Nutzung von Fortbildungsoptionen etc.)? Welche »Arbeitsmittel« sind in welcher Qualität verfügbar (Zumutbarkeit der raumgestalterischen Bedingungen; Ausstattung mit Medien und anderen technischen Hilfsmitteln etc.)?

* **Vorbildfunktion der Führungskraft:** Ankündigungen zu Maßnahmen der Gesundheitsförderung rascheln recht papieren, wenn Schulleiter das Gegenteil dessen verkörpern und tun, was den Kollegen nahegebracht werden soll. Wer mit sichtbarem Desinteresse für ein Vorhaben trommelt, das er nur halbherzig mitträgt, gewinnt schwerlich engagierte Mitstreiter. Wer andere durch »Basta«-Ansagen und Redeverbote verprellt, schafft suboptimale Voraussetzungen für ein gedeihliches Sozialklima im Kollegium. Führungsbefugnisse sind qua Amtsantritt verliehen, echte Autorität in Führungsfragen muss erst in der Amtspraxis erworben werden.

Vor dem beschriebenen Hintergrund wird die Frage virulent, wie es um die Gesundheitssituation schulischer Führungskräften bestellt ist (immerhin grundieren die besagten Konstellationen das Handeln im Amt und strahlen auf das Umfeld ab – Stichwort »Vorbildfunktion«). Dazu jetzt einige Anmerkungen.

5.2.3 AVEM-Befunde zur Gruppe schulischer Führungskräfte

Abbildung 5.1 kontrastiert die schon besprochene AVEM-Typen-Verteilung in der Lehrerschaft mit Befunden zu Musterhäufigkeiten bei schulischen Führungskräften. Herangezogen wurden die Ergebnisse einer bundesweiten Schulleiter-Befragung, von der Schaarschmidt und Fischer (2016) berichten, und Resultate einer entsprechenden Erhebung von Hufnagel (2017) exklusiv in Baden-Württemberg.

5.2 Führungshandeln als Gesundheitsdeterminante in Schulen

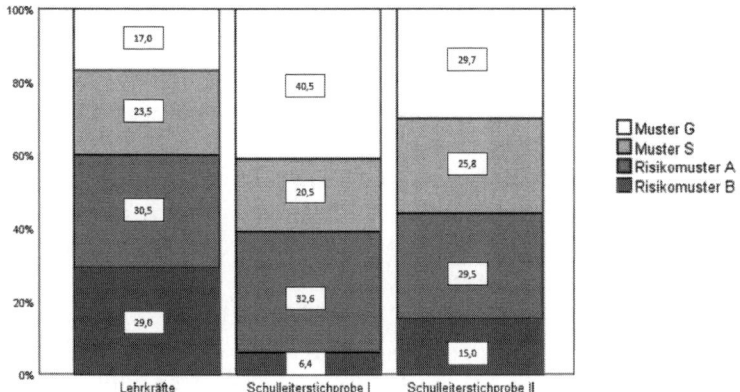

Abb. 5.1: Lehrer- und Schulleiterstichproben im AVEM-Vergleich
Schulleiterstichprobe I (N=411; Schaarschmidt & Fischer, 2016, S. 63); Schulleiterstichprobe II (N=380; Hufnagel, 2017, S. 101)

Der deutlichste Unterschied betrifft die Besetzungsstärken der Cluster G und B: Während der G-Prozentsatz in der Schulleiterstichprobe am größten ist (wobei die Zahlen aus der überregionalen Studie von Schaarschmidt und Fischer [2016] die bei Hufnagel [2017] mitgeteilten Werte noch klar übertrumpfen), fällt er in der Lehrerstichprobe am geringsten aus. In der B-Konstellation kehren sich die Verhältnisse um. Die Wahrscheinlichkeit für diese AVEM-Diagnose ist in der Pädagogengruppe ohne Führungsverantwortung zwei- bis fünfmal so hoch wie in der Schulleiterstichprobe. Das muss noch nicht als Indiz für die Annahme »verhaftet« werden, dass »Höhenluft« auch in Bildungsinstitutionen gesund sei und die Abwehrkräfte steigere. Die Modell-Idee »Gesundheitsschub durch Beförderung« wird den Gegebenheiten der Praxis nur sehr eingeschränkt gerecht, wie ja bereits in den Einlassungen zur enormen Bandbreite der Aufgaben und Verantwortlichkeiten des Schulleiters durchgeklungen sein mag. Es ist gleichwohl vorstellbar, dass der Zuwachs an Entfaltungsmöglichkeiten auf Führungsebene manchen Amtsinhaber regelrecht aufblühen lässt. Wirkmächtiger scheint jedoch ein Mechanismus zu sein, der in der Personalpsychologie unter dem Stichwort »Selbstselektionseffekt« behandelt wird. Entsprechende Argumentationen rechnen damit, dass Persönlichkeits- oder Gesundheitstendenzen nicht nur durch Arbeitsverhältnisse geformt und zu bestimmten Profilverläufen »ausgewuchtet« werden, sondern dass sie Beweggrund und Rückversicherung dafür waren, überhaupt Interesse an einem Posten zu bekunden (vgl. Marcus, 2012; Schaarschmidt & Kieschke, 2004; Edelson, Polania, Ruffl, Fehr & Hare, 2018). Wer sich mit der Anforderungsfülle des Leitungsamtes schwer anfreunden kann, wen schreckt, was manche reizt, verzichtet auf eine Bewerbung (was übrigens keineswegs mit der Aussage gleichbedeutend wäre, er sei für den Job nach Fähigkeiten und Qualifikation irgendwie ungeeignet). Robustere Naturen (z. B. Vertreter des Cluster G) streben demnach eher an die Spitze der Organisation. Derjenige, dessen Interessen- oder Gesundheitslage anders geartet ist, nimmt sich zuweilen selbst aus dem Spiel oder winkt ab, bevor Entscheidungsgremien ihn »aussieben« könnten. Das bleiben indes Wahrscheinlichkeitsabwägungen. Wie Abbildung 5.1 zeigt, gibt es selbst unter den Führungskräften B- und S-Repräsentanten. Weit häufiger ist allerdings jener Typus anzutreffen, der für die Arbeit »brennt« und fatalerweise zu Varianten der Selbstausbeutung neigt: Fast ein Drittel der befragten Schulleiter findet sich im AVEM-Quadranten »Risikomuster A«. Die bereits skizzierten Geschlechtsunterschiede bezüglich der AVEM-Ergebnisse (▶ Kap. 3.2) sind übrigens auch in der Schulleiterstichprobe nachweisbar. B- und A-Anteile pendeln sich bei weiblichen Führungskräften auf höherem Niveau ein als bei Männern (vgl. Laux, 2012, S. 134ff; Hufnagel, 2017, S. 104). Auf die Ebene der AVEM-Einzelmerkmale heruntergebrochen: Schulleiterinnen punkten höher in den Skalen »*Subjektive Bedeutsamkeit der Arbeit*«, »*Verausgabungsbereitschaft*« und »*Resignationstendenz bei Misserfolg*« und niedriger in den Messungen zu »*Distanzierungsfähigkeit*« und »*Innere Ruhe/Ausgeglichenheit*«.

Gesundheitlich besser gewappnete Schulleiter haben nicht nur einen »Befindensvorteil«. Sie scheinen darüber hinaus Führungsaufgaben mit größerem Elan und effektiver abzuwickeln und sind eher in der Lage, selbst unerwartet schwierigen Herausforderungen zu trotzen. Zudem scheuen sie Feedback aus dem Kollegium weit weniger und sind deutlicher gewillt, entsprechende Impulse konstruktiv aufzunehmen (vgl. Laux, 2012; Gerick, 2014). Auf längere Sicht haben sie die besseren Chancen, Schulentwicklungsprozesse energisch voranzubringen und auszugestalten. Aber niemand lüge sich in die Tasche: Besagte Prozesse werden nur als Teamleistung von nachhaltigem Erfolg gekrönt sein. Ohne oder gar gegen das Kollegium kann eine Führungskraft selbst als ehrgeiziger Taktgeber wenig ausrichten.

5.3 »Denkanstöße!« – ein Unterstützungsprogramm für Kollegium und Leitung (Schaarschmidt & Fischer, 2016)

Das an Paradoxien nicht gerade arme Berufsfeld Schuldienst imponiert in manchen Erhebungen mit einem Grundwiderspruch, der eigentlich schnell gelöst sein sollte. Eine große Zahl, oft gar die Mehrheit der Kolleginnen und Kollegen einer Einrichtung ist des »Einzelkämpfertums« überdrüssig und wünscht Austausch und Unterstützung auf den verschiedensten Ebenen (von gegenseitigen Hospitationen und Abstimmungen bis hin zur gemeinsamen Erstellung von Unterrichtsmaterialien; vgl. Schaarschmidt & Kieschke, 2007). Derartige Absichtserklärungen und Entwicklungsideen verrauchen jedoch viel zu häufig ins Null-und-Nichtige. Schulforscher dürfen dann an einem Befund herumrätseln, der so etwas wie die Unterlassung oder den vorzeitigen Abbruch einer Veränderungsanstrengung widerspiegelt: Etliche Einzelkämpfer, die genau das nicht länger sein wollen, es aber häufig doch bleiben. Es wurden nun verschiedenste Ansätze ausgeklügelt und erprobt, um in jene Lücke zwischen verheißungsvoller Intention und wirklich gelebter Kooperationspraxis so hineinzustoßen, dass sie verschwindet – natürlich die *Lücke* und nicht etwa die *Intention* oder die *Kooperationspraxis* (vgl. Heyse & Sieland, 2018; Kiel & Weiß, 2016; Rolff, 2016; Buhl & Hertel, 2019). Eines dieser Programme sei im Folgenden kurz besprochen. Das Interventionsangebot »Denkanstöße!« (Schaarschmidt & Fischer, 2016) ruht auf zwei Säulen. Die erste hat ein klar diagnostisches Profil. Mit verschiedenen Erfassungsmethoden gilt es, aussagekräftige Daten zum aktuellen Status der Einrichtung zu sammeln. Eine solche Bestandsaufnahme enthält am Ende beides: eine Übersicht zu Belastungen und Veränderungsbedarfen *und* Auskünfte zu derzeit vorhandenen Ressourcen und Problemlöse-Optionen. Mit dieser mehrdimensionalen »Standortbestimmung« lässt sich dann arbeiten, und zwar nach Regeln und auf Entwicklungsziele hin, die nicht »von außen« übergestülpt oder zwangsverordnet werden, sondern gemeinschaftlich im Kollegium auszuhandeln sind. Das Programm »Denkanstöße!« unterstützt jenen Prozess mit Trainingseinheiten und Gestaltungsvorschlägen für die Verbesserung der Tätigkeitsverhältnisse in der betreffenden Einrichtung. Diese praxisorientierten Elemente bilden die zweite Säule des Ansatzes von Schaarschmidt und Fischer (2016). Der Zweischritt von umfassender Ist-Stands-Analyse (Diagnostik) und Veränderungsmanagement (Intervention) wird vor Ort von eigens geschulten Moderatorinnen und Moderatoren begleitet (vgl. zu Details der organisatorischen Handhabung des Angebots die Übersicht auf der Projekt-Homepage: www.ichundmeineschule.eu).

Für den diagnostischen Part kommen sowohl Verfahren zum Einsatz, die eine adäquate Erfassung der *subjektiven* Arbeitssituation bezwecken (also die Perspektive der jeweils betroffenen Person zur Geltung bringen), als auch Instrumente, die den Blick für *organisatorische* Merkmale der Berufsausübung weiten. In die erstgenannte Gruppe gehören neben dem AVEM eine Liste zur Erhebung aktueller psychischer und körperlich-vegetativer Beschwerden (BESL: Beschwerdeliste, Schaarschmidt & Fischer,

5.3 »Denkanstöße!« – ein Unterstützungsprogramm für Kollegium und Leitung

2008b) und – speziell für Führungskräfte – ein Selbstcheck des Leitungsverhaltens (der in der Regel um eine Fremdeinschätzungsvariante ergänzt wird). Ankerpunkt für die Beschreibung der Arbeitsverhältnisse ist der Bogen ABC-L (Arbeits-Bewertungs-Check für Lehrkräfte; Schaarschmidt & Kieschke, 2007; Schaarschmidt, Kieschke & Fischer, 2012). Das Verfahren wurde als organisationsdiagnostisches Instrument konzipiert und zielt auf sachbezogene und institutionelle Ausführungsbedingungen typischer pädagogischer Aufgaben. Auskünfte der Kolleginnen und Kollegen werden dabei zu einer *schulbezogenen* Auswertung verdichtet (sprich: man verharrt für die Ergebniszusammenschau nicht auf der Ebene *personenspezifischer* Analysen). Repräsentativität und Informationsgehalt der Daten steigen entsprechend, wenn viele Lehrkräfte an der jeweiligen Erhebung teilnehmen. Der Einsatz des ABC-L eröffnet die Chance, Verhältnisse und Umstände schulischer Arbeit vor Ort mit den Gegebenheiten an anderen Schulen desselben Typs zu vergleichen (als Referenzdaten dienen Erhebungsresultate aus 582 Einrichtungen; insgesamt waren 7635 Lehrkräfte in die Untersuchungen zur Verfahrenseichung einbezogen). Zudem sind Indikatoren abrufbar, die kenntlich machen, wie einig sich die Befragungsteilnehmer bei der Beurteilung der thematisierten Aspekte waren. Immerhin würde man z. B. eine Defizitanzeige (einen sehr niedrigen *Mittelwert* in einer der ABC-L-Merkmalsdimensionen) anders gewichten, je nachdem, ob die Urteile der Lehrkräfte einander stark ähneln oder ob sie massiv voneinander abweichen (viele sehen als unproblematisch an, was wenige extrem stört). Es werden Einschätzungen zu 60 einzelnen Arbeitsmerkmalen erbeten. Die Merkmale können statistisch zu 15 übergreifenden Faktoren sortiert werden (Details zur Verfahrensentwicklung sind bei Kieschke & Schaarschmidt, 2007 nachzulesen). Im Einzelnen sind dies:

1. Unterrichten
2. Arbeit mit Schülern über den Unterricht hinaus
3. offizielle Zusammenkünfte im Kollegium

4. Gespräche mit Eltern
5. schulbezogene Arbeit zu Hause
6. Verhalten der Schüler
7. Verhalten der Eltern
8. Klima im Kollegium
9. Verhalten der Schulleitung
10. Schulkultur (Kultur des Miteinander in der Schule)
11. Arbeitsorganisation in der Schule
12. Bereitstellung von Arbeitsmitteln
13. räumliche Bedingungen in der Schule
14. hygienische Bedingungen in der Schule
15. Möglichkeiten der Fort- und Weiterbildung

Anhand eines Beispiels (▶ Abb. 5.2) sei veranschaulicht, wie die Bereiche aufgebaut sind. Herausgegriffen wurde der Bereich 8: Klima im Kollegium[21]. Die Fragen sind stets in positiver Richtung formuliert. Damit soll eine zu starke Fokussierung auf die »Klagemauer-Funktion« der Verfahrensanwendung vermieden werden (wie sie wohl durch eine bloße Abfrage belastender Bedingungen begünstigt wäre). Vielmehr waren Stichworte für Lösungs-Ansätze und Gelingens-Szenarien in den Vordergrund zu rücken. Auf Mängel und Schwachstellen ist dann dort zu schließen, wo Ressourcen offensichtlich nicht ausgeschöpft werden. Dieser Verfahrenszuschnitt soll eine *konstruktive* Auseinandersetzung mit den bestehenden Arbeitsverhältnissen erleichtern.

---

21 Klima ist ja nicht nur meteorologisch eine heikle und komplexe Größe; auch im Binnenraum des Sozialen können die Folgen verheerend sein, wenn es kippt: Die mitunter paradoxen Konsequenzen reichen von *A* wie *A*bkühlung zwischenmenschlicher Beziehungen über *E* wie *E*rhitzung der Gemüter bis *Z* wie *Z*errüttung von Vertrauensverhältnissen.

5.3 »Denkanstöße!« – ein Unterstützungsprogramm für Kollegium und Leitung

Wie sehr trifft es zu, dass im Kollegium ...	trifft völlig zu	trifft überwiegend zu	trifft teils-teils zu	trifft überwiegend nicht zu	trifft überhaupt nicht zu
ein offenes und vertrauensvolles Klima besteht?	5	4	3	2	1
gegenseitige Unterstützung erfolgt?	5	4	3	2	1
entlastende Gespräche möglich sind?	5	4	3	2	1
gemeinsame Normen und Ziele verfolgt werden?	5	4	3	2	1

Abb. 5.2: Ausschnitt aus dem ABC-L (Bereich: Klima im Kollegium)

Zwei Wege der Intervention können im Anschluss an die diagnostische Phase beschritten werden. Möglich sind Akzentsetzungen im Bereich *personaler* Maßnahmen (individuelle Beratungen bis hin zum Gruppentraining mit den Schwerpunkten Selbstmanagement und Kommunikation; vgl. Schaarschmidt & Fischer, 2016, S. 64ff.) und/oder Vorhaben im Feld der *strukturellen* Arbeits- und Organisationsgestaltung. Aus der zuletzt genannten Perspektive (Veränderung *organisatorischer* Bedingungen) werden nach Erfahrungen der Programminitiatoren vor allem vier größere »Problembaustellen« sichtbar (ebd., S. 47ff.). Die Autoren zäunen sie mit Hinweisen zu folgenden Leitfragen ab:

- **Wie gelingt es der Einrichtung, die Mitsprache und Mitgestaltung aller zu gewährleisten?**
  Eine Option bestünde darin, Führungsverantwortung auf mehrere Schultern zu verteilen (ohne freilich die Gesamtverantwortung des Schulleiters in Abrede zu stellen). Je nach Schulform und -größe könnten Abteilungs-, Stufen-, Fachgruppen- oder

auch Verwaltungsleiter das Führungsteam vervollständigen. Partizipative Arbeitsstrukturen wären alternativ oder außerdem durch die Bildung von Klassen- und Jahrgangsteams, anlassgebundene Projektgruppen oder Mentorate für Berufsanfänger zu schaffen. Solche Vernetzungsanstrengungen werden kaum konfliktfrei und ohne Reibungsverluste über die Bühne gehen, haben aber den Vorteil, die oft beklagte »Einzelkämpfer-Mentalität« nicht weiter ins Kraut schießen zu lassen oder sie gar erst heranzuzüchten. Neben einer Änderung der »Führungsarchitektur« bleibt es ratsam, Kommunikationskanäle zwischen Leitung und Belegschaft intensiv zu warten und – wo nötig – zusätzlich freizuschalten, so dass der Informationsfluss a) in alle Richtungen funktioniert und b) sich zu den Schulkonferenzen nie derart anstaut, dass jene Termine zu »Verkündigungsveranstaltungen« ohne echte Debatten-Kultur werden. Hilfreich könnte in besagtem Kontext z. B. die Einrichtung eines Intranets oder – ebenso schlicht wie anspruchsvoll – die angemessene Handhabung des Führungsinstruments »Mitarbeitergespräch« sein (das im besten Fall den Charakter einer Förder- und Entwicklungsmaßnahme tragen und zudem Raum für Feedback an den Vorgesetzten bieten sollte).

- **Wie können Anforderungsfülle und Arbeitsumfang zugunsten einer Konzentration auf die Kernaufgaben verringert werden?**

Haupttugend einer Führungskraft ist nicht allein das »Tun und Anstoßen«, sondern mitunter eher das »Lassen und Abschirmen«, mit Sicherheit aber die Fähigkeit, Dinge aus der erstgenannten Anforderungskategorie von Dingen zu unterscheiden, die getrost in Kategorie zwei einzumotten wären. Die Kurzformel für das gerade beschriebene lautet »Prioritäten setzen«. Unterhalb des Radars dürfen in Schulen z. B. ohne Zweifel all die Wettbewerbs- und Projektmitarbeits-Ermunterungen bleiben, mit denen externe Anbieter zuweilen Sekretariate und Rektorenschreibtische fluten. Die Entscheidung, wie Lehrerarbeitszeit über das Unterrichtspensum hinaus verplant werden

5.3 »Denkanstöße!« – ein Unterstützungsprogramm für Kollegium und Leitung

sollte, ist jedenfalls alles andere als trivial. Einer Konzentration auf die Kernaufgaben wird es ferner zuträglich sein, die oben erwähnten partizipativen Strukturen (z. B. Fachgruppen oder Jahrgangsteams) für die *gemeinschaftliche* (und deshalb oft zeitsparende!) Erledigung von Tagesordnungspunkten zu nutzen (kooperative Konzipierung von Leistungserhebungen oder Unterrichtsmaterialien etc.). Häufig ächzen Kollegen auch unter dem Ärgernis schlecht vorbereiteter und wenig effektiver Besprechungen oder Konferenzen. Hier könnte mit einer strafferen und transparenteren Planung bequem gegengesteuert werden (z. B. durch die rechtzeitige Ankündigung von Terminen und Tagesordnungen sowie die pünktliche Vorab-Verschickung von zu diskutierenden Papieren und Beschlussvorlagen). »Last, but not least«: Außerunterrichtliche Angelegenheiten sollten möglichst an Personen außerhalb des Lehrerkollegiums delegiert werden. So ist etwa (wenn es die Budgetplanung hergibt) an die Beschäftigung von Schulassistenten zu denken, die vielfältige Service-Aufgaben schultern könnten (Kopieren, Gerätebetreuung, technische Unterstützung bei Unterrichtsexperimenten etc.). Anzustreben wäre zudem eine ausgedehntere und bessere Einbeziehung von Sozialpädagogen und Schulsozialarbeitern (z. B. bei der Pausenaufsicht oder bei der Begleitung von Klassenfahrten, Exkursionen und Projekten).

* **Wie kann der Arbeitstag so belastungsarm wie möglich strukturiert werden?**

Billigerweise ist anzumerken, dass nachhaltige Stressminderungs-Effekte auf der *Strukturebene* nicht eben billig zu haben sind. Das Rad, das hier gedreht werden müsste, wird in der Regel ein größeres sein. So wäre z. B. die Bereitstellung räumlicher Rückzugs- und Entspannungsmöglichkeiten zu erwägen. Das Lehrerzimmer ist schließlich eher selten die dienst- und störungsfreie Zone, in der man vom Berufstrubel unbehelligt verschnaufen könnte (die simultan laufenden Gespräche selbst der nettesten Kollegen haben schlechtweg eine Lautstärke, die der Lärmbelästigung im Klassenraum ähnlicher sein dürfte als von vielen Pausenraumnutzern gewünscht). Eine Ideallösung (die jedoch wie die meisten Optimaloptionen recht teuer käme) wäre die Einrichtung persönlicher Arbeitsplätze (»Büros«). Das zahlte sich auf der Arbeitsebene genauso aus (verwiesen sei auf die ständige Verfügbarkeit der Arbeitsutensilien vor Ort, die bessere Trennbarkeit von Beruf und Privatleben durch die Verlagerung von Vor- und Nachbereitungsarbeiten ins eigene Schulbüro etc.) wie in Hinblick auf temporäre Erholungseffekte (man hätte die Chance, in den Pausen für sich allein zu sein, ohne vor anderen begründen zu müssen, weshalb man die Augen schließt oder sich in Yoga-Stellungen verrenkt). Es fehlte aber ebenso wenig an »zweitbesten« Lösungsvorschlägen für das Belastungsproblem. Interessant ist aus unserer Sicht z. B. die Idee, Unterrichtstage zeitlich anders zu staffeln (etwa vom traditionellen 45-Minuten-Rhythmus zu 60- oder 90-minütigen Unterrichtseinheiten zu wechseln; das brächte mehr Ruhe in schulische Abläufe und minderte den Umstellungsaufwand einer Lehrkraft, die statt fünf oder sechs Klassen-, Fach- oder Raumumstellungen vielleicht nur drei oder vier zu verkraften hätte). Auch die konsequente Durchsetzung von Schulregeln (z. B. hinsichtlich des Schülerverhaltens im Klassenzimmer) wird ihren Teil zu einer entspannteren Arbeitsatmosphäre beitragen.

- **Wie ist ein Klima gegenseitiger Unterstützung erreichbar?**
Wesentliche Punkte sind bereits unter dem ersten Aufzählungspunkt (Mitarbeit und Mitgestaltung) aufgereiht worden. Es geht zentral darum, alle Ebenen schulischer Arbeit kommunikativ zu vernetzen und die entsprechenden Kanäle regelmäßig mit relevanten Inhalten »durchzuspülen«. Das wird förderliche Effekte vor allem dann entfalten, wenn mit diesen Bemühungen auch *Einstellungs- und Haltungsänderungen* verknüpft sind, niemand z. B. Sorge haben muss, dass andere über seine Fragen oder Anfangsunsicherheiten als Zeichen mangelnder Kompetenz, gar persönlicher »Schwäche« hämen. Die Herstellung solcher Verhältnisse ist in der Tat eine Herausforderung für das gesamte Kollegium und eine echte Organisationsentwicklungsaufgabe.

5.3 »Denkanstöße!« – ein Unterstützungsprogramm für Kollegium und Leitung

Top-Down-Impulse (also adressaten- und sachgerechte Beiträge der Schulleitung) und Bottom-Up-Initiativen (Vorschläge und Führungsfeedback aus der Belegschaft) müssen – und das wird nicht von jetzt auf gleich glücken – zu einer funktionalen Komplementarität finden (oder mithilfe externer Experten »synchronisiert« werden), die auf die Schule *als Ganze* positiv ausstrahlt – also auf Mitarbeiterzufriedenheit *und* Unterrichtsgüte.

6

Schlussbetrachtungen

> *Diskussionen haben lediglich diesen Wert: dass einem gute
> Gedanken hinterher einfallen.*
> A. Schmidt, *Aus dem Leben eines Fauns* (Werke I, Bd.1, S. 301)

Muss jetzt missmutig die Stirn runzeln, wer über die Gesundheitssituation im Lehrerberuf spricht? Sind die, die Kinder unterrichten, am Ende auf ihre Art und zumal unter Belastungsaspekten »Sorgenkinder«? Nun, Pauschalisierungen nutzen wenig und nur wenigen. Mit Beschwichtigungsparolen vernebeln zu wollen, was in der Tat problematisch ist, wäre genauso verkehrt wie die Entfesselung alarmistischer Reflexe, mit denen jede Auskunft zu Schwierigkeiten des Jobs bildungspolitischen »Niedergangsszenarien« und Generalanklagen gegen das Schulsystem einverleibt wird. Die Befunde, die im Rahmen der »Potsdamer Lehrerstudie« gesammelt wurden (und im vorliegenden Band besonders exponiert waren), rechtfertigen aber aus unserer Sicht durchaus das Urteil, dass der Arbeitsplatz Schule stressintensiver und gesundheitlich prekärer ist als andere Beschäftigungsfelder, selbst wenn diese ebenfalls ein sozial-interaktives Anforderungsprofil haben. Berufsgruppenvergleiche lieferten da gute ungute Evidenz (▶ Kap. 3.3.2). Erschwerend kam hinzu, dass es kaum regionale und schulformspezifische Unterschiede gab, die Zweifel an der Tragweite solcher Generalaussagen zu säen vermochten. Offenbar kann sich niemand damit beruhigen, dass lediglich in sehr speziellen Konstellationen Probleme zu Belastungsspitzen »emporzacken«, während anderswo die »Gefahr« fast vollständig gebannt sei. Das ist fraglos mit *strukturellen* und *arbeitsorganisatorischen* Eigentümlichkeiten des Jobs in Verbindung zu bringen (▶ Kap. 3.1), die allerdings nicht wie ein ergeben hinzunehmendes Verhängnis alle Wege in und durch den Beruf zu einer absteigenden Linie mit den Endpunkten *Erschöpfung* und *Krankheit* begradigen – ganz so, als müsste an der Schwelle zum Arbeitsplatz in Leuchtbuchstaben die Mahnung aufflackern, die in Dantes »Göttlicher Komödie« am Höllentor prangt: »Lasst, die ihr eingeht, alle Hoffnung fahren!« (Dante, Inferno III, 9; zit. nach der Übersetzung von O. Gildemeister, o. J., S. 54). Wenn auch Frustmomente Lustmomente zuweilen klar überwiegen, birgt die Lehrertätigkeit doch Vorzüge, die in der Thematisierung der Berufswirklichkeit viel zu oft unter den Teppich allfälliger Negativanzeigen gekehrt werden. Kinder und Jugendliche ein entscheidendes Stück ihres Weges unterstützend und fördernd zu begleiten, ihren Wissensappetit zu stillen, ohne ihn bis auf weiteres zu verderben, Interessen wach zu kitzeln *und* zu halten, selbst neugierig und offen zu bleiben in der Arbeit mit immer neuen Schülerinnen und Schülern, kann durchaus erfüllend sein – allen Anstrengungen und allem Hadern zum Trotz. So bekunden Lehrkräfte in manchen Untersuchungen, leistungsfähig und mit den *eigentlichen Inhalten* ihres Jobs zufrieden zu sein, selbst dort, wo sie aktuelle Tätigkeitsumstände monieren und Grenzen der Belastbarkeit vor Augen haben (vgl. Krause, Meder, Philipp & Schüp-

6 Schlussbetrachtungen

bach, 2010, S. 61ff.; Schult, Münzer-Schrobildgen & Sparfeldt, 2014). Das wird übrigens selbst durch AVEM-Befunde bestätigt. Zieht man lediglich die Merkmalsdimension »Berufliches Erfolgserleben« für einen Berufsvergleich heran, scheren Lehrkräfte keineswegs aus dem Normalspektrum nach unten aus, eher im Gegenteil: Ihr subjektives Erfolgserleben ist höher ausgeprägt als das vieler anderer Berufsgruppen (▶ Abb. 6.1).

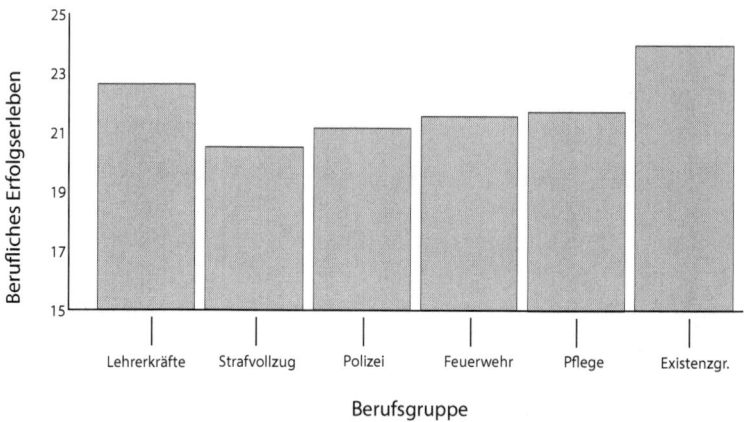

Abb. 6.1: Das AVEM-Merkmal »Berufliches Erfolgserleben« im Berufsgruppenvergleich (Daten nach Schaarschmidt & Fischer, 2008a, S. 89)

Der AVEM enthält indes noch zehn weitere Skalen. Wendet man sich den Konfigurationen (»Clustern«) zu, die empirisch aus einer Analyse besonders wahrscheinlicher Merkmalsvergemeinschaftungen über alle elf Skalen ermittelt werden können, kippt das Bild. Lehrkräfte schneiden dann sehr ungünstig ab. Der Verbreitungsgrad von Burnout-Risiken (Muster B) und Selbstausbeutungstendenzen (Muster A) überschreitet dort das Maß, das wir in etlichen anderen Berufsgruppen beobachten. Gesundheitlich am ärgsten benachteiligt scheinen Lehrerinnen zu sein. Derart bedenkliche Musterverteilungen begegnen uns weder bei ihren männlichen Kollegen noch bei Frauen, die in anderen Beschäftigungsfeldern tätig sind (▶ Kap. 4.2.). Solche Befunde – von der tagesaktuellen Medien-Berichterstattung häufig zu süffigen Schlagzeilen à la: »Horrorjob Schule: Jede dritte Lehrkraft ausgebrannt!« hochgejazzt – wurden in der wissenschaftlichen Rezeption vereinzelt recht konzept- und methodenkritisch gegen den Strich potentieller Verallgemeinerungswürdigkeit gebürstet. Sehr berechtigte (und viel zu selten ernsthaft gestellte) Fragen nach der Theorie- und Methodenabhängigkeit bestimmter empirischer Resultate waren da jedoch zuweilen durch missverständliche und nach unserer Einschätzung voreilige Grundsatzannahmen »kontaminiert« (vgl. z. B. Rothland, 2009). Zwei der auch in Schulen und Berufsverbänden anlässlich der Präsentation der »Potsdamer Studie« immer wieder nachgefragten Punkte wollen wir jetzt noch einmal kurz aufgreifen (vgl. Kieschke & Bauer, 2015; Schaarschmidt & Kieschke, 2013, S. 88f.).

- **Kritikpunkt 1: Die »Potsdamer Lehrerstudie« hat eine zu starke persönlichkeitspsychologische »Schlagseite« und widmet so zum Problem der Lehrkraft um, was eigentlich ein Problem der Arbeitsverhältnisse ist.**
Während Laien dem Variablenkomplex »Persönlichkeit« große Erklärungskraft für Unterschiede in Handlungsverläufen und -erfolgen zubilligen (vgl. Laucken, 1974), war die »Kreditwürdigkeit« personaler Wirkmodelle der Lehrerarbeit in der erziehungswissenschaftlichen Fachdiskussion über lange Zeit eher gering (das mag sich unter dem Eindruck der breit rezipierten Hattie-Studie allerdings wieder etwas ändern; vgl. Hattie, 2017; Hattie & Zierer, 2018a,b; Terhart, 2013). Jene Modelle krankten nach Einschätzung mancher Kritiker an einer falschen Priorisierung. Sie dimmten die Beleuchtungsstärke für individuelle Verhaltensmerkmale zu sehr herauf und die für Verhältnisfaktoren, Sachkontexte und didaktische Regelwerke zu sehr herunter. Solche Einwände nähren den Verdacht, die persönlichkeitspsychologische Theoriebildung sei fatalerweise gegen die einfache Wahrheit abgestumpft oder gar »blind«, dass Verhalten immer

in Verhältnissen stattfinde. Das ist als Unterstellung jedoch einigermaßen abwegig. Wir haben weiter oben schon daran erinnert, dass sich das Reden über Persönlichkeitsmerkmale als ein Sprechen über wahrscheinliche und relativ überdauernde »Wenn …, dann …«-Bindungen individuellen Denkens, Fühlens und Handelns rekonstruieren lässt (wobei die Wenn-Komponente der betreffenden Konditionalsätze klar auf situative Anlässe und Umstände verweist; ▶ Kap. 2.1., insbesondere Infobox 3). Persönlichkeitspsychologische Erklärungsversuche münden dabei mitnichten in eine Art »Konservendosenmodell« der Verhaltensvorhersage – fast so, als hätten äußere Gegebenheiten bestenfalls »Dosenöffner-Funktion« für die automatische Anbahnung geschmacklich immer gleicher Ergebnisse, die allein und unwiderruflich durch Füllmenge und Inhaltsstoffe der Konserve vorherbestimmt seien. Und weil die Inhalte ja als genetische Fertigmischung »abgepackt« worden wären, könne man Änderungen irgendwelcher Coloeur (z. B. Entwicklung) getrost ausschließen. Mit Verlaub: Das gerade entworfene Bild bleibt in mehrfacher Hinsicht schief. Es hat mit den aktuellen wissenschaftlichen Modellvorstellungen von Persönlichkeit und ihrer Dynamik über die Lebensspanne hinweg wenig bis nichts gemein (vgl. Neyer & Asendorpf, 2018). Auf unser Thema umgemünzt: Wer »Belastung« aus persönlichkeitspsychologischer Perspektive in den Blick nimmt, verneint oder verniedlicht keineswegs die Wirkmacht von Verhältnisfaktoren (Klassengröße, Lärmpegel, soziales Klima etc.), sondern reichert die Analyse um die ausdrückliche Beachtung der inneren Resonanzbedingungen für äußere Einflüsse an. Er ist weit davon entfernt, Stress-Betroffenen die Hauptverantwortung für die eigene Misere »unterzujubeln« (wie z. B. Rothland, 2009, befürchtet). Gepocht wird vielmehr auf eine Ergänzung der Aussage, dass einige Arbeitsumwelten und -gegebenheiten per se belastender seien als andere. Demnach lohnt außerdem eine Auseinandersetzung mit dem Faktum, dass Personen sich von den gleichen äußeren Umständen unterschiedlich stark beansprucht fühlen.

Die »Potsdamer Lehrerstudie« hat beide Aspekte ausgiebig gewürdigt und besonderes Augenmerk auf den oft vernachlässigten zweiten Punkt gelegt.

- **Kritikpunkt 2: Zentrale Methode der Datenerhebung war in der Potsdamer Lehrerstudie ein Fragebogenverfahren (AVEM). Fragebögen jedoch erfassen bestenfalls subjektive Sichten der Realität, nicht aber die Realität selbst und sind obendrein verfälschbar.**

Zunächst einmal wäre schwer einzusehen, weshalb man Lehrkräfte aus der Bewertung ihres Berufsalltags zugunsten externer Urteiler oder rein gerätetechnischer Messanordnungen (z. B. zur Lärmerfassung) heraushalten sollte. Schließlich sind die vor Ort befragten Pädagogen als direkt Betroffene durchaus Experten für Stresseffekte ihres Jobs. Wir haben ferner bereits angemerkt, dass nicht durchweg eine direkte Proportionalität zwischen physikalischer Reizstärke (z. B. Lautstärke) und subjektiv empfundenem Belastungsdruck herrscht (sonst wären Sport- und Musiklehrer uneinholbare Spitzenreiter in Stress-Rankings, was schlicht falsch ist). »Objektivere« Indikatoren des Belastungsgeschehens (z. B. die videobasierte Auszählung von Unterrichtsunterbrechungen) vertiefen nicht zwangsläufig unser Verständnis der Situation. Der in Strichlisten als »Störvorfall« registrierte witzige Zwischenruf eines Schülers lockerte am Ende die Arbeitsatmosphäre im Klassenraum lernfreundlich auf, statt sie weiter zu verkrampfen. Die subjektive Wertung eines Geschehens durch den Betroffenen hat oft (indes nicht immer!) ein analyserelevantes Gewicht für die Beurteilung der gesundheitlichen Konsequenzen des jeweiligen Ereignisses (▶ Kap. 2.3.2 zum Zusammenspiel subjektiver und objektiver Gesundheitsfaktoren). Zu einer nächsten Schwierigkeit: Mitunter wird der Informationsgehalt von Fragebogenangaben bezweifelt, weil die Methode als Sammelnetz für »individuelle Befindlichkeiten« fungiere, ohne wirklich zu den realen Arbeitsbedingungen vorzudringen. Der Einwand mag in Einzelfalluntersuchungen verfangen, zerbröselt aber bald, wenn eine Studie mit tausenden Befragungsteilnehmern aufwartet (wie es bei der Potsdamer Erhebung der Fall war). Wenn viele Personen Dinge ähnlich einschätzen, wird man das kaum mit dem Hinweis beiseite fegen können, das Problem liege vorrangig im Auge des überempfindlichen Betrachters, der noch jede Mücke zum Elefanten aufpuste. Dem eng benachbart ist ein anderer Einwand. Fragebögen seien in ihrer inhaltlichen Ausrichtung leicht durchschaubar und deshalb problemlos auf bestimmte Ergebnistrends hin zu verzerren (nach der Devise: »Die anderen sollen ruhig wissen, wie famos ich bin oder eben, wie sehr ich leide; Übertreibungen werden da niemandem schaden.«). Interessanterweise sind die mit einem Fragebogen gewonnenen Daten – obschon das Erhebungsformat beinahe zu einer vorteilhaften (oder eben einer mitleiderweckenden, verständnisheischenden) Selbstdarstellung einzuladen scheint – meist vorhersagestärker und valider als die Resultate psychologischer Messprozeduren, deren Sinn Probanden verborgen bleibt (vgl. zu Erklärungsmöglichkeiten für diesen zunächst paradoxen Befund: Marcus, 2003, 2004). Zudem wird man Fragebogenergebnisse im Idealfall mit Informationen aus anderen Quellen abgleichen (mit Fremdurteilen, mit Sachkriterien außerhalb subjektiver Erwägungsspielräume wie z. B. Frühpensionierungsraten und Fehltagestatistiken etc.). Die Befunde der Potsdamer Studie fügen sich nun gut in Ergebnistrends nationaler und internationaler Studien ein, die auf der Auswertung verschiedenster Belastungsmarker beruhen (vgl. Blossfeld et al., 2014; Lehr, 2014; OECD, 2005; Johnson et al., 2005). In ihrer Gesamtheit berechtigen sie sehr wohl zu dem Fazit, Schuldienst sei unter Belastungsgesichtspunkten ein besonders heikles Berufssetting.

Mit den Suchbegriffen »Teacher« und »Stress« fischt man aus der Literaturdatenbank des Fachportals Pädagogik 5379 Literaturreferenzen (wissenschaftliche Zeitschriftenartikel, Monographien, Dissertationen etc.) heraus; mit den Keywords »Teacher« und »Burnout« können immerhin 1822 Treffer gelandet werden (Stand:

März 2019; Internetadresse der frei zugänglichen Datenbank: https://www.fachportal-paedagogik.de/literatur/produkte/fis_bildung/fis_bildung.html). Angesichts solcher Materialmengen ist man zu frotzeln versucht, zum Thema »Belastung im Lehrerberuf« sei alles gesagt, nur noch nicht von jedem. Der Eindruck, die Forschung habe das Sachgebiet längst abgegrast, täuscht allerdings. An interessanten und diskussionswürdigen Projektideen mangelt es keineswegs. Relativ dünn ist die Datenlage z. B. zu folgenden Aspekten:

Langzeitperspektive. Zwar sind über die Jahre immer wieder querschnittliche Ist-Standsberichte zur Belastungssituation im Lehrerberuf veröffentlicht worden (also Daten aus lediglich einmal untersuchten Stichproben variabler Größe), umfangreiche Längsschnittanalysen (also Mehrfacherhebungen an denselben Personen über die Zeit, und zwar deutlich über sechs oder zwölf Monate hinaus) haben jedoch Seltenheitswert (vgl. Dicke et al., 2018; Roloff Henoch et al., 2015). Veränderungen von Beanspruchungskonstellationen in Abhängigkeit von den verschiedensten Randbedingungen (persönliche und motivationale Ausgangslagen, Herkunftsmilieus[22] etc.) zu dokumentieren und aufzuhellen, bleibt eines der wichtigsten Desiderate der (lehr)berufsbezogenen Forschung. Interessant könnte in diesem Zusammenhang auch ein Blick auf Entwicklungen jenseits des Berufsausstiegs sein: Altern ehemalige Lehrkräfte gesünder als Vertreter anderer Beschäftigungsfelder (sind sie z. B. die intellektuell und/oder körperlich ak-

---

22 Der Lehrerberuf hat z. B. eine hohe »Erblichkeitsquote«: Ca. 24 % der Lehramtsanwärter stammen selbst aus Lehrerfamilien (vgl. Rothland, 2014, S. 327). Ist das eher ein Entlastungsfaktor (man hat eine realistischere Sicht auf den Beruf und professionskundige Ansprechpartner im privaten Umfeld) oder eine Risikobedingung (man setzt unreflektiert oder wider besseres Wissen eine Familientradition fort; berufliche Schwierigkeiten oder gar ein Scheitern werden innerfamiliär möglicherweise als noch dramatischer wahrgenommen als in Nicht-Lehrer-Familien etc.)?

tiveren Rentner) oder verlängert sich die sattsam besprochene Malaise in die nachberufliche Lebensphase?[23]

Stellenwert gesundheitlicher Selbstregulation im Gesamtensemble berufsbezogener Kompetenzen. Aspekte gesundheitlicher Selbstregulation (Stressbewältigung, Umgang mit eigenen Emotionen etc.) sind mittlerweile in prominente Kompetenzmodelle des Lehrerhandelns integriert (vgl. z. B. das meist als Standardreferenz genutzte COACTIV-Modell, vgl. Kunter et al., 2011; Kunter & Pohlmann, 2015). Darüber, wie das Zusammenspiel dieser Elemente mit didaktischen und fachlichen Fertigkeiten *konkret* vonstattengeht (ob letztere gar auf ihre Weise als Gesundheitsressourcen einzustufen sind), weiß man aber noch relativ wenig. Bis zu welchen Punkten etwa kompensiert gute Fachlichkeit problematische Persönlichkeitsvoraussetzungen, oder schwächeln derartige »Kompensationshypothesen« von vornherein? Man wird sich solchen Fragestellungen schwerlich allein mit der Erhebung von Selbstauskunftsdaten nähern können. Um hier zu befriedigenden Antworten zu gelangen, ist eine detaillierte Analyse von Unterrichtssituationen erforderlich (vgl. Klusmann et al., 2008, 2016). Nur so wäre zu beantworten, ob fachliche und didaktische Performance-Parameter (erfasst aus Schüler- oder Experten-Sicht) die Vorhersage von Gesundheitsunterschieden über den Anteil hinaus verbessern, der durch »klassische« Persönlichkeitsvariablen (z. B. die AVEM-Indikatoren) bereits gebunden ist.

Quereinstieg in den Beruf als Belastungsszenario. Es braucht wenig Phantasie, um sich zusammenzureimen, dass pädagogische Laien zunächst einen schwereren und stressreicheren Stand im Klassenzimmer haben werden als Personen, die mit dem Rückhalt

---

[23] Nähere Aufschlüsse darf man sich da vom Längsschnittprojekt TEDCA (»Teachers' Education, Development and Career in Austria«) unter Leitung von Johannes Mayr erwarten, das unter anderem AVEM-Daten aus Lehrer-Stichproben einbeziehen wird, die bereits seit über 20 Jahren wissenschaftlich begleitet werden (vgl. zu Details die Projekthompage: https://ius.aau.at/de/forschung-entwicklung/projekte/tedca/).

eines Lehramtsstudiums und der Referendariatserfahrungen starten. In Zeiten des akuten Lehrermangels ist die Notlösung »beruflicher Quereinstieg« indes häufiger Mittel der Wahl als unter Idealbedingungen wünschenswert (vgl. Rothland & Pflanzl, 2016). Dieser Problematik wenden sich Belastungsstudien derzeit noch verhältnismäßig selten zu. Nota bene: Die Angelegenheit hat Relevanz keineswegs bloß für die Quereinsteiger selbst. Sehr wahrscheinlich wird auch das Beanspruchungsniveau alteingesessener Kolleginnen und Kollegen steigen, die als Mentoren, Ratgeber und schlimmstenfalls »Ausputzer« am Geschehen beteiligt sind und irgendwie mit der letztlich verstörenden Botschaft zurande kommen müssen, dass all das, wofür sie ein halbes Jahrzehnt akademisch und praktisch vorbereitet wurden, wohl ebenso auf eine halbjährige Zusatz-Ausbildung für pädagogisch »Unbeleckte« heruntergeköchelt werden kann.

Das Thema Lehrerbelastung treibt nicht nur Theoretiker und Forscher um. Stärker noch tangiert es die Akteure des *Praxisfeldes* Schule (natürlich vorrangig die Lehrkräfte und ihre Schüler, außerdem jedoch Eltern, Bildungspolitiker und Vertreter all der Institutionen, die auf den Ergebnissen schulischer Arbeit aufbauen – von Betrieben bis hin zu den Universitäten). Was also ist zu tun? Einige Handlungsoptionen wurden im Buch bereits erörtert. Schaarschmidt und Kieschke (2013) haben sie auf abstrakterem Niveau in zwei Funktionskreise aufgegliedert (zwischen denen im Übrigen wechselseitige Abhängigkeiten bestehen). Der erste betrifft *Strukturen* der Lehrerarbeit und -ausbildung.
Hier wären im Wesentlichen drei Aspekte zu betonen:

- Einflussnahme auf Rahmenbedingungen des Berufs (Abkehr von kurz getakteten Schulreformen zugunsten einer verlässlichen mittelfristigen Planung; Vermeidung von Überreglementierung; eventuell Anpassung von Arbeitszeitmodellen etc.),
- Gestaltung der Arbeitsbedingungen vor Ort (Verbesserung des sozialen Klimas im Kollegium durch Schulentwicklungsmaß-

nahmen; Personalentwicklung als Aufgabe für Schulleitungen; Verstetigung von Fortbildungsangeboten etc.; ▶ Kap. 5.3) sowie
- verbesserte Rekrutierung und Vorbereitung des beruflichen Nachwuchses (Entwicklung von eignungsdiagnostischen Leitfäden und Beratungsangeboten; stärkere Gewichtung von Praktikumsanteilen in der Lehramtsausbildung; möglicherweise Anpassung universitärer Curricula etc.; ▶ Kap. 5).

Die Grobkonturen des *zweiten Funktionskreises* wollen wir neuerlich unter Rückgriff auf einen Pennäler-Klassiker nachzeichnen. Schließlich kann ein Buch, in dessen Entree ein »Feuerzangenbowlen«-Verweis hineingetrickst wurde (vgl. die ersten zwei Sätze unseres Einleitungskapitels), guten Gewissens mit einem Fingerzeig auf ein anderes Genre-Highlight enden – in unserem Falle auf Kästners Roman »Das fliegende Klassenzimmer«. Als Schüler dort über die Frage nachsinnen, ob eine kurz vor der Pensionierung stehende Lehrkraft, die durch häufige Selbstzitate ermüde, noch »Opfer« von Ulk, Scherz und Witz sein dürfe, poltert einer der Diskutanten dazwischen:

> »Warum denn nicht? ... Ein Pauker hat die verdammte Pflicht und Schuldigkeit, sich wandlungsfähig zu erhalten. Sonst könnten die Schüler ja früh im Bette liegen bleiben und den Unterricht auf Grammophonplatten abschnurren lassen. Nein, nein, wir brauchen Menschen als Lehrer und keine zweibeinigen Konservenbüchsen! Wir brauchen Lehrer, die sich entwickeln müssen, wenn sie uns entwickeln wollen« (Kästner, 1933/ 2002, S. 81).

Einmal davon abgesehen, dass heute wohl statt Grammophonplatten Podcasts als Medienreferenz bemüht werden würden, ist der Inhalt der Bemerkung längst nicht museal angestaubt oder durch Gebrauchsspuren verschlissen wie ein zerlesenes Exemplar des Kästnerschen Kinderromans[24]. Für ein gedeihliches Gesundheits-

---

24 Nebenher ist mit dem Kästner-Zitat ein Inspirationshintergrund für die oben von uns gebrauchte Wendung vom »Konservendosen-Modell« der Persönlichkeit enthüllt.

management sind immer auch *individuelle Entwicklungsbemühungen der Lehrkräfte* selbst vonnöten. Eine Anstrengung, die Pädagoginnen und Pädagogen nicht erspart werden kann, bleibt die kontinuierliche Arbeit an der Weiterentwicklung der eigenen Kompetenzen! Es hätte in der Tat etwas Befremdliches, wenn Personen, die Experten für (berufs)lebenslanges Lehren sind, sich gegen die Idee (berufs)lebenslangen Lernens sträuben oder sperren würden.

Zu den von Kästners Romanfigur angesprochenen Entwicklungsbedarfen gehört unserer Überzeugung nach nicht zuletzt die fortwährende Auseinandersetzung mit Fragen von Gesundheit und Selbstfürsorge in einem System, das diese Auseinandersetzung durch förderliche Randbedingungen rahmen sollte. Wenn unser Text geholfen hat, die Relevanz solcher Problembearbeitungen deutlicher vor Augen zu stellen, hat er sein Ziel erreicht. Der Rest ist – nein, nicht Schweigen, sondern Praxis der Gesundheitsförderung.

Literaturverzeichnis

Abele, A. (2001). Rollenvielfalt von Frauen – Einfluss auf psychische Gesundheit und Wohlbefinden. In A. Franke & A. Kämmerer (Hrsg.), *Klinische Psychologie der Frau. Ein Lehrbuch* (S. 559–576). Göttingen: Hogrefe.
Abujatum, M., Arold, H., Knispel, K., Rudolf, S. & Schaarschmidt, U. (2007). Intervention durch Training und Beratung. In U. Schaarschmidt & U. Kieschke (Hrsg.), *Gerüstet für den Schulalltag. Psychologische Unterstutzungsangebote für Lehrerinnen und Lehrer* (S. 117–155). Weinheim: Beltz.
Ackermann, E. & Schumann, W. (2010). Die Uni ist kein Ponyhof. Zur psychosozialen Situation von Studierenden. *Prävention und Gesundheitsförderung*, 5, 231–237.
Adorno, T. W. (1982). Tabus über den Lehrerberuf. In T. W. Adorno, *Erziehung zur Mündigkeit*, hrsg. v. G. Kadelbach (S. 70–87). Frankfurt a. M.: Suhrkamp. [orig.: 1965]
Allen, W. (1986). *Hannah und ihre Schwestern. Drehbuch.* Zürich: Diogenes.
Altis, A. (2011). *Entwicklungen im Bereich der Beamtenversorgung.* Wiesbaden: Statistisches Bundesamt. Zugriff am 06.02.19 unter https://www.destatis.de/DE/Publikationen/WirtschaftStatistik/FinanzenSteuern/Beamtenversorgung0211.pdf?__blob=publicationFile
Antonovsky, A. (1979). *Heath, stress, and coping: New perspectives on mental and physical well-being.* San Francisco: Jossey-Bass.
Antonovsky, A. (1987). *Unraveling the mystery of health. How people manage stress and stay well.* San Francisco: Jossey-Bass.
Arp, S., Friedmann, J. & Olbrisch, M. (2018). Chefs gesucht. *DER SPIEGEL*, 22, 44–45.
Bach, A. (2013). *Kompetenzentwicklung im Schulpraktikum.* Münster; New York; München; Berlin: Waxmann.
Bailer, J., Schwarz, D., Witthöft, M., Stübinger, C. & Rist, F. (2008). Prävalenz psychischer Syndrome bei Studierenden einer deutschen Universität. *Psychotherapie, Psychosomatik, Medizinische Psychologie*, 58, 423–429.
Bauer, J., Stamm, A., Virnich, K., Wissing, K., Müller, U., Wirsching, M., Schaarschmidt, U. (2006). Correlation between burnout syndrome and psychological and psychosomatic symptoms among teachers. *International Archives of Occupational & Environment Health*, 79, 199–204.

Bengel, J., Strittmatter, R. & Wittmann, H. (2001). *Was erhält Menschen gesund? Antonovskys Modell der Salutogenese – Diskussionsstand und Stellenwert.* Erweiterte Neuauflage. Köln: BzGA.

Benn, G. (1991). Der Ptolemäer. In G. Benn, *Prosa und Autobiographisches in der Fassung der Erstdrucke*, hrsg. von B. Hillebrand (S. 193–234). Frankfurt a. M.: Fischer. [orig.: 1947]

Bergdolt, K. (1999). *Leib und Seele. Eine Kulturgeschichte des gesunden Lebens.* München: Beck.

Berger, R. & Ettehard, S. (1998). Stimmtauglichkeitsuntersuchungen notwendig oder unwichtig? *Sprache – Stimme – Gehör*, 22, 39–42.

Berking, M. (2017). *Training emotionaler Kompetenzen. 4. Auflage.* Berlin [u. a.]: Springer.

BKK Bundesverband (2012). *Gesundheitsreport 2012. Gesundheit fördern – Krankheit versorgen – mit Krankheit leben.* Essen: BKK.

Blanchflower, D. G. & Oswald, A.J. (2017). Do Humans Suffer a Psychological Low in Midlife? Two Approaches (With and Without Controls) in Seven Data Sets. *NBER Working Paper No. 23724.*

Blossfeld, H.-P., Bos, W., Daniel, H.-D., Hannover, B., Lenzen, D., Prenzel, M., Roßbach, H.-G., Tippelt, R., Wößmann, L. & Kleiber, D. (2014). *Psychische Belastungen und Burnout beim Bildungspersonal. Empfehlungen zur Kompetenz- und Organisationsentwicklung. Gutachten des Aktionsrates Bildung e.V.* Münster: Waxmann.

Blossfeld, H.-P., Bos, W., Lenzen, D., Hannover, B., Müller-Böling, D., Prenzel, M. & Wößmann, L. (2009). *Geschlechterdifferenzen im Bildungssystem – die Bundesländer im Vergleich.* München: vbw.

Blumenberg, H. (1991). *Matthäuspassion.* Frankfurt a. M.: Suhrkamp.

Boeger, A. (Hrsg.) (2016). *Eignung für den Lehrerberuf: Auswahl und Förderung.* Heidelberg: Springer.

Bolger, N. & Zuckerman, A. (1995). A framework for studying personality in the stress process. *Journal of Personality and Social Psychology*, 69, 890–902.

Bolle, R. (Hrsg.) (2014). *Eignung für den Lehrerberuf? Schriftenreihe der Bundesarbeitsgemeinschaft Schulpraktische Studien Band 9.* Leipzig: Universitätsverlag.

Bonita, R., Beaglehole, R. & Kjellström, T. (2013). *Einführung in die Epidemiologie. 3. Auflage.* Göttingen: Hogrefe.

Brecht, B. (1997). *Ausgewählte Werke in sechs Bänden*, hrsg. v. W. Hecht, W. Jeske & J. Knopf. Frankfurt a. M.: Suhrkamp.

Brinkmann, R. (2014). *Angewandte Gesundheitspsychologie.* Hallbergmoos: Pearson.

Bröckling, U. (2017). *Gute Hirten führen sanft: Über Menschenregierungskünste.* Frankfurt a. M.: Suhrkamp.

Brunstein, J. C., Schultheiss, O. C. & Maier, G. W. (1999). The pursuit of personal goals: A motivational approach to well-being and life adjustment. In J. Brandtstädter & R. M. Lerner (Eds.), *Action and self-development: Theory and research through the life span* (pp. 169–196). New York: Sage.

Buhl, M. & Hertel, S. (Hrsg.) (2019). *Wie kann Schulentwicklung gelingen?* Berlin [u. a.]: Springer.

Burisch, M. (2010). *Das Burnout-Syndrom – Theorie der inneren Erschöpfung.* 4., überarbeitete Auflage. Berlin; Heidelberg: Springer.

Callahan, D. (2012). Die Gesundheitsdefinition der Weltgesundheitsorganisation. In T. Schramme (Hrsg.), *Krankheitstheorien* (S. 191–204). Frankfurt a. M.: Suhrkamp.

Canguilhem, G. (1977). *Das Normale und das Pathologische.* Frankfurt a. M.: Ullstein.

Cederström, C. & Spicer, A. (2016). *Das Wellness-Syndrom: Die Glücksdoktrin und der perfekte Mensch.* Berlin: Edition TIAMAT.

Cederström, C. & Spicer, A. (2018). *Auf der Suche nach dem perfekten Ich: Ein Jahr in der Optimierungsindustrie.* Berlin: Edition TIAMAT.

Celebi, C., Krahé, B. & Spörer, N. (2014). Gestärkt in den Lehrerberuf: Eine Förderung berufsbezogener Kompetenzen von Lehramtsstudierenden. *Zeitschrift für Pädagogische Psychologie*, 28, 1–12.

Celebi, C., Spörer, N. & Krahé, B. (2014). Förderung professionsbezogener Selbstregulation im Umgang mit Beanspruchung bei Lehramtsstudierenden im Vergleich mit einer alternativen Intervention. *Empirische Pädagogik*, 28, 283–301.

CICERO – Magazin für politische Kultur. (2018). Heft 5: *Klassenkampf.* Berlin.

Cleary, P. D. (1987). Gender differences in stress-related disorders. In R. C. Barnett, L. Biener & G. K. Baruch (Eds.), *Gender and stress* (pp. 39–72). New York: Free Press.

Colvin, C.R. & Block, J. (1994). Do positive illusions foster mental health? An examination of the Taylor and Brown formulation. *Psychological Bulletin*, 116, 3–20.

Cramer, C. & Binder, K. (2015). Zusammenhänge von Persönlichkeitsmerkmalen und Beanspruchungserleben im Lehramt. Ein internationales systematisches Review. *Zeitschrift für Erziehungswissenschaft*, 18(1), 101–123.

Cramer, C., Merk, S. & Wesselborg, B. (2014). Psychische Erschöpfung von Lehrerinnen und Lehrern. Repräsentativer Berufsgruppenvergleich unter

Kontrolle berufsspezifischer Merkmale. *Lehrerbildung auf dem Prüfstand*, 7(2), 138–156.

Crum, A.J., Akinola, M., Martin, A., & Fath, S. (2017). The role of stress mindset in shaping cognitive, emotional, and physiological responses to challenging and threatening stress. *Anxiety, Stress & Coping*, 30(4), 379–395.

Dadaczynski, K. & Paulus, P. (2018). Verhaltens- und Verhältnisprävention. In C.-W. Kohlmann, C. Salewski & M. A. Wirtz (Hrsg.), *Psychologie in der Gesundheitsförderung* (S. 257–268). Bern: Huber.

Dante Alighieri (o.J.). *Die göttliche Komödie*. Übersetzt von O. Gildemeister, herausgegeben von H. P. Cavy. Essen: Phaidon.

Dicke, T., Stebner, F., Linninger, C., Kunter, M. & Leutner, D. (2018). A longitudinal study of teachers' occupational well-being: Applying the job demands-resources model. *Journal of Occupational Health Psychology*, 23 (2), 262–277.

Diener, E., Suh, E.M., Lucas, R.E. & Smith, H.L. (1999). Subjective well-being: Three decades of progress. *Psychological Bulletin*, 125 (2), 276–302.

Döring, N. & Bortz, J. (2015). *Forschungsmethoden und Evaluation für Human- und Sozialwissenschaftler*. 5. Auflage. Heidelberg: Springer.

Dornes, M. (2016). *Macht der Kapitalismus depressiv? Über seelische Gesundheit und Krankheit in modernen Gesellschaften*. Frankfurt a. M.: Fischer.

Dorsemagen, C., Lacroix, P. & Krause, A. (2013). Arbeitszeit an Schulen: Welches Modell passt in unsere Zeit? Kriterien zur Gestaltung schulischer Arbeitsbedingungen. In M. Rothland (Hrsg.), *Belastung und Beanspruchung im Lehrerberuf. Modelle, Befunde, Interventionen* (2. Aufl., S. 213–230). Wiesbaden: Springer VS.

Doublet, S. (1999). *The Stress Myth*. Chesterfield: Science & Humanity Press.

Ebert, D.D., Lehr, D., Boß, L., Riper, H., Cuijpers, P., Andersson, G., Thiart, H., Heber, E. & Berking, M. (2014). Efficacy of an internet-based problem-solving training for teachers: results of a randomized controlled trial. *Scandinavian Journal of Work, Environment & Health*, 40(6), 582–596.

Eckert, M. & Tarnowski, T. (2017). *Stress- und Emotionsregulation. Trainingsmanual zum Programm Stark im Stress*. Weinheim: Beltz.

Edelson, M. G., Polania, R., Ruffl, C. C., Fehr, E. & Hare, T. A. (2018). Computational and neurobiological foundations of leadership decisions. *Science, Vol. 361, Issue 6401*.

Ehrenreich, B. (2018). *Wollen wir ewig leben? Die Wellness-Epidemie, die Gewissheit des Todes und unsere Illusion von Kontrolle*. München: Kunstmann.

Ehrlich, K. (2011). *Stimmbildung und Sprecherziehung. Ein Lehr- und Übungsbuch.* Köln; Weimar; Wien: Böhlau.

Ellert, U. & Kurth, B.M. (2013). Gesundheitsbezogene Lebensqualität bei Erwachsenen in Deutschland – Ergebnisse der Studie zur Gesundheit Erwachsener in Deutschland (DEGS1). Bundesgesundheitsblatt, 56(5/6), 643–649.

Epiktet (1990). *Handbüchlein der Ethik. Übersetzt und mit Einleitung und Anmerkungen versehen von Ernst Neitzke.* Stuttgart: Reclam.

Eriksen, H.R. & Ursin, H. (2004). Subjective health complaints, sensitization, and sustained cognitive activation (stress). *Journal of Psychosomatic Research*, 56, 445–448.

Falkai, P. & Wittchen, H.-U. (Hrsg.) (2015). *Diagnostische Kriterien DSM-5.* Mitherausgegeben v. M. Döpfner, W. Gaebel, W. Maier, W. Rief, H. Saß & M. Zaudig. Göttingen: Hogrefe.

Faltermaier, T. (2005). *Gesundheitspsychologie.* Stuttgart: Kohlhammer.

Faltermaier, T. (2018). Salutogenese und Ressourcenorientierung. In C.-W. Kohlmann, C. Salewski & M. A. Wirtz (Hrsg.), *Psychologie in der Gesundheitsförderung* (S. 85–98). Bern: Huber.

Faust, S., Schaarschmidt, U. & Fischer, A. W. (2016). *Fit für den Lehrerberuf?!* (FIT-L, revidierte Fassung). Online-Version. Wampersdorf: COPING.

Felder, H. & Brähler, E. (1999). Weiblichkeit, Männlichkeit und Gesundheit. In E. Brähler & H. Felder (Hrsg.), *Weiblichkeit, Männlichkeit und Gesundheit* (S. 9–57). Wiesbaden: Westdeutscher Verlag.

Ferguson, E. (2000). Hypochondriacal concerns and the five factor model of personality. *Journal of Personality*, 68, 705–724.

Fischer, A. (Ed.) (2000). *Gender and emotion. Social psychological perspectives.* Cambridge: Cambridge University Press.

Frances, A. (2014). *Normal. Gegen die Inflation psychiatrischer Diagnosen.* Köln: Dumont.

Frank, R., Vaitl, D. & Walter, B. (1990). Zur Diagnostik körperlichen Wohlbefindens. *Diagnostica*, 36, 33–37.

Franke, A. (2012). *Modelle von Gesundheit und Krankheit.* 3., überarbeitete und erweiterte Auflage. Bern: Huber.

Franke, A. & Kämmerer, A. (Hrsg.) (2001). *Klinische Psychologie der Frau. Ein Lehrbuch.* Göttingen: Hogrefe.

Franke, F. (2012). *Leadership and Follower Health: The Effects of Transformational and Health-Oriented Leadership on follower health outcomes.* Unveröffentlichte Dissertation, Helmut-Schmidt-Universität Hamburg.

Freud, S. (1999a). Vorlesungen zur Einführung in die Psychoanalyse. In S. Freud, *Gesammelte Werke, hrsg. v. A. Freud, E. Bibring, W.Hoffer, E. Kris & O. Isakowa* (Bd.XI, S. 3–487). Frankfurt a. M.: Fischer. [orig.: 1917]

Freud, S. (1999b). Die endliche und die unendliche Analyse. In S. Freud, *Gesammelte Werke*, hrsg. v. A. Freud, E. Bibring, W. Hoffer, E. Kris & O. Isakowa (Bd. XVI, S. 57–99). Frankfurt a. M.: Fischer. [orig.: 1937]

Freudenberger, H. J. (1974). Staff burnout. *Journal of Social Issues*, 30, 159–165.

Friebe, R. (2016). *Hormesis. Das Prinzip der Widerstandskraft. Wie Stress und Gift uns stärker machen.* München: Hanser.

Friedman, H. S. & Rosenman, R. H. (1974). *Type A behavior and your heart.* New York: Knopf.

Furnham, A. (2008). *Personality and intelligence at work. Exploring and explaining individual differences at work.* Hove; New York: Routledge.

Gaydan, H.-J. (2008). Individuelle Hochbegabtenförderung in segregativen und in integrativen Lernverbänden der Sekundarstufe II. In C. Fischer, F. J. Mönks & U. Westphal (Hrsg.), *Individuelle Förderung: Begabung entfalten – Persönlichkeit entwickeln* (S. 266–292). Berlin: LIT.

Geisthövel, A. & Hitzel, B. (Hrsg.) (2019). *Auf der Suche nach einer anderen Medizin: Psychosomatik im 20. Jahrhundert.* Frankfurt a. M.: Suhrkamp.

Gerick, J. (2014). *Führung und Gesundheit in der Organisation Schule: Zur Wahrnehmung transformationaler Führung und die Bedeutung für die Lehrergesundheit als Schulqualitätsmerkmal.* Münster: Waxmann.

Gerk, A. (2017). *Lob der schlechten Laune.* Zürich: Kein & Aber.

Giesen, H. (2000). Geschlechtsunterschiede. In M. Amelang (Hrsg.), *Enzyklopädie der Psychologie, Bd. 8/4, Determinanten individueller Unterschiede* (S. 539–593). Göttingen: Hogrefe.

Gochman, D. S. (1997). Health Behavior Research. In D. S. Gochman (Ed.), *Handbook of health behavior research, Vol. 1: Personal and social determinants* (pp. 3–20). New York, NY: Plenum Press.

Goethe, J. W. v. (1970). *Goethes Briefe in drei Bänden.* Hrsg. v. H. Holtzhauer. Berlin; Weimar: Aufbau.

Gold, A. (2015). *Guter Unterricht: Was wir wirklich darüber wissen.* Göttingen: Vandenhoeck & Ruprecht.

Gollwitzer, M. & Jäger, R.S. (2014). *Evaluation kompakt.* 2., überarbeitete Auflage. Weinheim: Beltz.

Grawe, K. (2000). *Psychologische Therapie.* 2., korrigierte Auflage. Göttingen: Hogrefe.

Grawe, K. & Grawe-Gerber, M. (1999). Ressourcenaktivierung. Ein primäres Wirkprinzip der Psychotherapie. *Psychotherapeut*, 44, 63–77.

Grimm, J. & Grimm, W. (1999). *Deutsches Wörterbuch. Band 5: Gefoppe – Getreibs.* Bearbeitet von R. Hildebrand und H. Wunderlich. München: dtv. [orig.: 1897]

Grünbein, D. (2000). Bogen und Leier. In H. Müller, *Ende der Handschrift, Gedichte, hrsg. von D. Grünbein* (S. 89–116). Frankfurt a. M.: Suhrkamp.

Gusy, B., Drewes, J., Fischer, K. & Lohmann, K. (2009). *15. Kongress Armut und Gesundheit: Stress im Studium: Ein Vergleich Studierender in »neuen« und »alten« Studienstrukturen*. Berlin: AB Public Health. Zugriff am 31.01.2019 unter http://www.armut-und-gesundheit.de/uploads/tx_gbbkon gressarchiv/Gusy__Drewes__Fischer__Lohmann_Stress_im_Studium_bear b_10-02-24.pdf

Gutzeit, S.F. & Neubauer, A. (2013). *Auf Ihre Stimme kommt es an! Das Praxisbuch für Lehrer und Trainer*. 2. Auflage. Weinheim; Basel: Beltz.

Haag, L. & Lohrmann, K. (2006). Lehrerhandeln: Lehrerkognitionen und Lehrerexpertise. In K. H. Arnold, U. Sandfuchs & J. Wiechmann (Hrsg.), *Handbuch Unterricht* (S. 617–626). Bad Heilbrunn: Klinkhardt.

Hacker, W. & Sachse, P. (2013). *Allgemeine Arbeitspsychologie. Psychische Regulation von Tätigkeiten.* 3., vollständig überarbeitete Auflage. Göttingen: Hogrefe.

Hackman, J. R. & Oldham, G.R. (1980). *Work redesign*. Reading: Addison-Wesley.

Hall, J. A., Coats, E. J., & LeBeau, L. S. (2005). Nonverbal behavior and the vertical dimension of social relations: A meta-analysis. *Psychological Bulletin, 131*, 898–924.

Hall, J. A, Knapp, M. & Horgan, T. (2013). *Non-verbal Communication in Human Interaction.* 8th edition. Boston: Cengage Learning Emea.

Hall, J. A, Schmid Mast, M., & West, T. V. (Eds.) (2017). *The Social Psychology of Perceiving Others Accurately*. Cambridge: University Press.

Hänsgen, K.-D. (1985). *Berliner Verfahren zur Neurosendiagnostik – Selbstbeurteilung (BVND).* Berlin: Psychodiagnostisches Zentrum.

Haller, L., Höhler, S. & Stoff, H. (2014). Stress- Konjunkturen eines Konzepts. *Zeithistorische Forschungen/Studies in Contemporary History 11 (3)*, 359–381.

Halpern, D. F. (2012). *Sex Differences in Cognitive Abilities.* 4th Edition. New York; Hove: Taylor & Francis.

Hannover, B. & Kessels, U. (2011). Sind Jungen die neuen Bildungsverlierer? Empirische Evidenz für Geschlechterdisparitäten zuungunsten von Jungen und Erklärungsansätze. *Zeitschrift für Pädagogische Psychologie, 25*, 89–103.

Harazd, B., Gieske, M. & Rolff, H.-G. (2009). *Gesundheitsmanagement in der Schule. Lehrergesundheit als neue Aufgabe der Schulleitung.* Köln: Link-Luchterhand.

Hartwig, T. & Mußmann, F. (2018). *Zeiterfassungsstudien zur Arbeitszeit von Lehrkräften in Deutschland. Konzepte, Methoden und Ergebnisse von Studien zu Arbeitszeiten und Arbeitsverteilung im historischen Vergleich. Expertise im Auftrag der Max-Träger-Stiftung.* Göttingen: Georg-August-Universität.

Hattie, J. (2017). *Lernen sichtbar machen für Lehrpersonen.* Überarbeitete deutschsprachige Ausgabe von »Visible Learning for Teachers« von W. Beywl & K. Zierer. 3. Auflage. Hohengehren: Schneider.

Hattie, J. & Zierer, K. (2018a). *Visible Learning: Auf den Punkt gebracht.* Hohengehren: Schneider.

Hattie, J. & Zierer, K. (2018b). *Kenne deinen Einfluss!: »Visible Learning« für die Unterrichtspraxis.* 3., erweiterte Auflage. Hohengehren: Schneider.

Hegel, G.W.F. (1986). *Vorlesungen über die Geschichte der Philosophie.* Drei Bände. Hrsg. v. E. Moldenhauer & K.M. Michel. Frankfurt a. M.: Suhrkamp.

Heinrichs, M., Stächele, T. & Domes, G. (2015). *Stress und Stressbewältigung.* Göttingen: Hogrefe.

Heinz, A. (2014). *Der Begriff der psychischen Krankheit.* Frankfurt a. M.: Suhrkamp.

Heitzmann, B., Kieschke, U. & Schaarschmidt, U. (2007). Bedingungen der Lehrerarbeit. Analyse und Gestaltungsempfehlungen. In U. Schaarschmidt & U. Kieschke (Hrsg.), *Gerüstet für den Schulalltag. Psychologische Unterstützungsangebote für Lehrerinnen und Lehrer* (S. 63–92). Weinheim: Beltz.

Helsper, W. (1996). Antinomien des Lehrerhandelns in modernisierten pädagogischen Kulturen. Paradoxe Verwendungsweisen von Autonomie und Selbstverantwortlichkeit. In A. Combe & W. Helsper (Hrsg.), *Pädagogische Professionalität. Untersuchungen zum Typus pädagogischen Handelns* (S. 521–569). Frankfurt a. M.: Suhrkamp.

Helsper, W. (2000). Antinomien des Lehrerhandelns und die Bedeutung der Fallrekonstruktion – Überlegungen zu einer Professionalisierung im Rahmen universitärer Lehrerbildung. In E. Cloer, D. Klika &H. Kunert (Hrsg.), *Welche Lehrer braucht das Land? Notwendige und mögliche Reformen der Lehrerbildung* (S. 142–177). Weinheim; München: Juventa.

Henecka, H. P. & Gesk, I. (1996). *Studienabbruch bei Pädagogikstudenten. Eine empirische Untersuchung an Pädagogischen Hochschulen in Baden-Württemberg.* Weinheim: Deutscher Studien Verlag.

Herlt, S. & Schaarschmidt, U. (2007). Fit für den Lehrerberuf?! In U. Schaarschmidt & U. Kieschke (Hrsg.), *Gerüstet für den Schulalltag. Psychologi-*

sche *Unterstützungsangebote für Lehrerinnen und Lehrer* (S. 157–182). Weinheim: Beltz.

Herrmann, T. (1991). *Lehrbuch der empirischen Persönlichkeitsforschung.* Göttingen: Hogrefe.

Heublein, U., Schmelzer, R. & Sommer, D. (2008). *Die Entwicklung der Studienabbruchquote an den deutschen Hochschulen. Ergebnisse einer Berechnung des Studienabbruchs auf der Basis des Absolventenjahrgangs 2006 (HIS: Projektbericht).* Hannover: HIS.

Heyse, H. (2011). *Herausforderung Lehrergesundheit: Handreichungen zur individuellen und schulischen Gesundheitsförderung.* Seelze: Kallmeyer.

Heyse, H. (2016). *Was Lehrerinnen und Lehrer stark macht. Ein Lesebuch für ein erfüllendes Berufsleben.* Bern: hep.

Heyse, H. & Sieland, B. (2018). *Kollegien stark machen: Schulen erfolgreich entwickeln.* Bern: Hep.

Hiller. A., Koch, S. & Lehr, D. (2018). *Burnout und chronischer beruflicher Stress.* Göttingen: Hogrefe.

Hillert, A., Lehr, D., Koch, S., Bracht, M., Ueing, S., Sosnowsky-Waschek, N. & Lüdtke, K. (2016). *Lehrergesundheit: AGIL – das Präventionsprogramm für Arbeit und Gesundheit im Lehrerberuf.* 2., überarbeitete Auflage. Stuttgart: Schattauer.

Hillert, A. & Schmitz, E. (Hrsg.) (2003). *Psychosomatische Erkrankungen bei Lehrerinnen und Lehrern.* Stuttgart: Schattauer.

Hobfoll, S. E. (1989). Conservation of resources: A new attempt at conceptualizing stress. *American Psychologist, 44*, 513–524.

Holm-Hadulla, R. M., Hofmann, F.-H., Sperth, M. & Funke, J. (2009). Psychische Beschwerden und Störungen von Studierenden. Vergleich von Feldstichproben mit Klienten und Patienten einer psychotherapeutischen Beratungsstelle. *Psychotherapeut, 54*, 346–356.

Horton, B. T. (1938). The Outlook in thromboangiitis obliterans. *Journal of the American Medical Association, 111*(24), 2184–2189.

Hufnagel, J. M. (2017). *Die Übernahme von Leitungsaufgaben in der Schule als berufsbiographische Herausforderung.* Unveröffentlichte Masterarbeit. PH Ludwigsburg.

Hundeloh, H. (2010). Gesundheitsmanagement. Qualitäts- und gesundheitsorientiertes Schulleitungshandeln. In P. Paulus (Hrsg.), *Bildungsförderung durch Gesundheit. Bestandsaufnahme und Perspektiven für eine gute gesunde Schule* (S. 227–247). Weinheim: Juventa.

Hurrelmann, K., Klotz, T. & Haisch, J. (2014). Krankheitsprävention und Gesundheitsförderung. In K. Hurrelmann, T. Klotz & J. Haisch (Hrsg.), *Lehr-*

buch Prävention und Gesundheitsförderung (S. 13–24). 4., vollständig überarbeitete Auflage. Bern: Huber.

Illich, I. (2012). »... und führe uns nicht in die Diagnose, sondern erlöse uns von dem Streben nach Gesundheit«. In D. Gugerli, M. Hagner, C. Hirschi, A. B. Kilcher, P. Purtschert, P. Sarasin & J. Tanner (Hrsg.), *Nach Feierabend 2012. Zürcher Jahrbuch für Wissensgeschichte 8: Gesundheit* (S. 161–168). Zürich: diaphanes.

Institut für Demoskopie Allensbach (2011). *Ärzte weiterhin vorn – Pfarrer verlieren deutlich an Ansehen: Allensbacher Berufsprestige-Skala 2011.* Allensbach: Institut für Demoskopie.

Jackson M. (2013). *The Age of Stress. Science and the Search for Stability.* Oxford: University Press.

Jäger, R. S. (2014). Mobbing von Lehrkräften – wer, was, wie, wozu? In R. S. Jäger (Hrsg.), *Mobbing am Arbeitsplatz Schule. Frühzeitig erkennen, analysieren und Lösungsansätze finden* (S. 27–86). Köln: Link.

Jean Paul (1996). *Ideengewimmel. Texte und Aufzeichnungen aus dem unveröffentlichten Nachlass.* Hrsg. v. K. Wölfel & T. Wirtz. Frankfurt a. M.: Eichborn.

Johnson, S., Cooper, C., Cartwright, S., Donald, L., Taylor, P. & Millet, C. (2005). The experience of work-related stress across occupations. *Journal of Managerial Psychology*, 20(2), 178–187.

Kästner, E. (2002). *Das fliegende Klassenzimmer Ein Roman für Kinder.* Hamburg: Dressler. [orig.: 1933]

Kaluza, G. (1997). Evaluation von Stressbewältigungstrainings in der primären Prävention – eine Meta-Analyse (quasi-)experimenteller Feldstudien. *Zeitschrift für Gesundheitspsychologie*, 5, 149–169.

Kaluza, G. (2002). Förderung individueller Belastungsverarbeitung: Was leisten Stressbewältigungsprogramme? In B. Röhrle (Hrsg.), *Prävention und Gesundheitsförderung, Band II* (S. 195–218). Tübingen: DGVT.

Kaluza, G. (2018a). *Stressbewältigung: Trainingsmanual zur psychologischen Gesundheitsförderung.* 4. Auflage. Berlin: Springer.

Kaluza, G. (2018b). *Gelassen und sicher im Stress: Das Stresskompetenz-Buch: Stress erkennen, verstehen, bewältigen.* 7. Auflage. Berlin: Springer.

Karasek, R. & Theorell, T. (1990). *Healthy work: Stress, productivity, and the reconstruction of working life.* New York: Basic Books.

Karing, C. & Beelmann, A. (2016). Implementation und Evaluation eines multimodalen Stressbewältigungstrainings bei Lehramtsstudierenden. *Zeitschrift für Gesundheitspsychologie*, 24 (2), 89–101.

Keller, A., Litzelman, K., Wisk, L.E., Maddox, T., Cheng, E. R., Creswell, P.D. & Witt, W. P. (2012). Does the perception that stress affects health matter? The Association with health and mortality. *Health Psychology*, 31 (5), 677–684.

Kelman, S. (1975). The social nature of the definition problem in health. *International Journal of Health Services*, 5(4), 625–642.

Kiel, E. & Weiß, S. (Hrsg.) (2016). *Schulentwicklung gestalten: Theorie und Praxis von Schulinnovation*. Stuttgart: Kohlhammer.

Kieschke, U. (2003). *Arbeit, Persönlichkeit und Gesundheit. Beiträge zu einer differentiellen Psychologie beruflichen Belastungsgeschehens*. Berlin: Logos.

Kieschke, U. & Bauer, F. (2015). Anmerkungen zu personenorientierten Ansätzen der Lehrerbelastungsforschung. *Unterrichtswissenschaft*, 43(2), 150–165.

Kieschke, U. & Schaarschmidt, U. (2007). Arbeits-Bewertungs-Check für Lehrkräfte – Ein Instrument für schulische Gestaltungsmaßnahmen. In U. Schaarschmidt & U. Kieschke (Hrsg.), *Gerüstet für den Schulalltag. Psychologische Unterstützungsangebote für Lehrerinnen und Lehrer* (S. 45–62). Weinheim: Beltz.

Kieschke, U. & Schaarschmidt, U. (2008). Professional commitment and health among teachers in Germany. A typological approach. *Learning & Instruction*, 18, 429–437.

Kleinmann, M. & König, C. J. (2018). *Selbst- und Zeitmanagement*. Göttingen: Hogrefe.

Klusmann, U., Kunter, M., Trautwein, U. & Baumert, J. (2006). Lehrerbelastung und Unterrichtsqualität aus der Perspektive der Lehrenden und Lernenden. *Zeitschrift für Pädagogische Psychologie*, 20 (3), S. 161–173.

Klusmann, U., Kunter, M., Trautwein, U., Lüdtke, O. & Baumert, J. (2008). Teachers' well-being and the quality of instruction: The important role of self-regulatory patterns. *Journal of Educational Psychology*, 100, 702–715.

Klusmann, U., Richter, D. & Lüdtke, O. (2016). Teachers‹ emotional exhaustion is negatively related to students' achievement: Evidence from a large-scale assessment study. *Journal of Educational Psychology*, 108, 1193–1203.

Klusmann, U. & Waschke, N. (2018). *Gesundheit und Wohlbefinden im Lehrerberuf*. Göttingen: Hogrefe.

KMK (2000). *Gemeinsame Erklärung des Präsidenten der Kultusministerkonferenz und der Vorsitzenden der Bildungs- und Lehrergewerkschaften sowie ihrer Spitzenorganisationen*. Zugriff am 09.02.2018 unter: http://www.kmk.org/dokumentation.html.

KMK (2012). *Empfehlung zur Gesundheitsförderung und Prävention in der Schule*. Zugriff am 25.07.2018 unter http://www.kmk.org/fileadmin/veroeffentlichun-gen_beschluesse/2012/2012_11_15-Gesundheitsempfehlung.pdf.

Knoll, N., Scholz, U. & Rieckmann, N. (2017). *Einführung Gesundheitspsychologie*. 4. Auflage. München: Reinhardt.

Köhle, K., Herzog, W., Joraschky, P., Kruse, J, Langewitz, W. & Söllner, W. (Hrsg.) (2017). *Psychosomatische Medizin. Theoretische Modelle und klinische Praxis (»Uexküll«)*. 8. Auflage. München: Elsevier.

Kohler, B. & Wacker, A. (2013). Das Angebots-Nutzungs-Modell. Überlegungen zu Chancen und Grenzen des derzeit prominentesten Wirkmodells der Schul- und Unterrichtsforschung. *Die Deutsche Schule*, 105(3), 24–258.

Kooijma, P., de Jong, F., Oudes, M., Huinck, W., van Acht, H. & Graamans, K. (2005). Musculat tension and body posture in relation to voice handicap and voice quality in teachers with persistent voice complaints. *Folia Phoniatrica et Logopaedica*, 57, 134–147.

Krantz, D.S. & McCeney, M.K. (2002). Effects of psychological and social factors on organic disease. A critical assessment of research on coronary heart disease. *Annual Review of Psychology*, 53, 341–369.

Kraus, K. (1974). *Aphorismen und Gedichte. Auswahl 1903–1933*. Hrsg. v. D. Simon. Berlin: Volk & Welt.

Krause, A., Meder, L., Philipp, A. & Schüpbach, H. (2010). Gesundheit, Arbeitssituation und Leistungsfähigkeit der Lehrkräfte. In P. Paulus (Hrsg.), *Bildungsförderung durch Gesundheit. Bestandsaufnahme und Perspektiven für eine gute gesunde Schule* (S. 57–85). Weinheim: Juventa.

Kreienbrock, L., Pigeot, I. & Ahrens, W. (2012). *Epidemiologische Methoden*. 5., neu bearbeitete und wesentlich erweiterte Auflage. Berlin; Heidelberg: Springer.

Kronenfeld, J.J. (2006). Changing conceptions of health and life course concepts. *Health*, 10(4), 501–517.

Kubinger, K. P., Frebort, M. & Khorramdel, L. (Hrsg.) (2012). *Self-Assessment: Theorie und Konzepte*. Lengerich: Pabst.

Kunter, M., Baumert, J., Blum, W., Klusmann, U., Krauss, S. & Neubrand, M. (Hrsg.) (2011). *Professionelle Kompetenz von Lehrkräften. Ergebnisse des Forschungsprogramms COACTIV*. Münster: Waxmann.

Kunter, M. & Pohlmann, B. (2015). Lehrer. In E. Wild & J. Möller (Hrsg.), *Pädagogische Psychologie. 2. Auflage* (S. 261–282). Berlin; Heidelberg: Springer.

Kunter, M. & Trautwein, U. (2013). *Psychologie des Unterrichts*. Paderborn: Schöningh.

Kury, P. (2012). *Der überforderte Mensch. Eine Wissensgeschichte vom Stress zum Burnout*. Frankfurt a. M.; New York: Campus.

Kyriacou, C. (2001). Teacher Stress: Directions for future research. *Educational Review* 53(1), 2–35.

Laucken, U. (1974). *Naive Verhaltenstheorie.* Stuttgart: Klett-Cotta.

Laux, A. (2012). *Schulleitung im Mittelpunkt schulischer Gesundheit. Eine Studie zu der Gesundheit schulischer Führungskräfte und ihrer Rolle für die Lehrergesundheit. Dissertation. Universität Potsdam.* Zugriff am 06.03.2019 unter: https://publishup.uni-potsdam.de/frontdoor/index/index/docId/6037.

Lazarus, R. S. (1983). The costs and benefits of denial. In S. Breznitz (Ed.), *The denial of stress* (pp.1–30). New York: International Universities Press.

Lazarus, R. S. (1991). *Emotion and adaptation.* New York: Oxford UP.

Lazarus, R.S. & Folkman, S. (1984). *Stress, appraisal, and coping.* New York: Springer.

Le Ker, H. (2018). *Neue Blutdruckgrenzen in den USA: 35 Millionen Menschen sind über Nacht krank geworden.* SPIEGEL ONLINE. Zugriff am 05.03.2019 unter: http://www.spiegel.de/gesundheit/diagnose/bluthochdruck-usa-senken-richtwerte-fuer-blutdruck-a-1177880.html.

Lehr, D. (2014). Belastung und Beanspruchung im Lehrerberuf in der personenbezogenen Forschung. Gesundheitliche Situation und Evidenz für Risikofaktoren. In E. Terhart, H. Bennewitz & M. Rothland (Hrsg.), *Handbuch der Forschung zum Lehrerberuf* (2. Aufl., S. 847–967). Münster: Waxmann.

Lemke, S. (2006). Die Funktionskreise Respiration, Phonation, Artikulation – Auffälligkeiten bei Lehramtsstudierenden. *Sprache – Stimme – Gehör*, 30, 24–28.

Leymann, H. (1993). *Mobbing: Psychoterror am Arbeitsplatz und wie man sich dagegen schützen kann.* Reinbek bei Hamburg: Rowohlt.

Lichtenberg, G.C. (1994). *Schriften und Briefe. Vier Bände.* Hrsg. v. W. Promies. Frankfurt a. M.: Zweitausendeins.

Lipowsky, F. (2015). Unterricht. In E. Wild & J. Möller (Hrsg.), *Pädagogische Psychologie* (2. Aufl., S. 69–106). Berlin; Heidelberg: Springer.

Litzcke, S., Schuh, H. & Pletke, M. (2013). *Stress, Mobbing und Burn-out am Arbeitsplatz.* 6., vollständig überarbeitete Auflage. Wiesbaden: Springer VS.

Magnus, K., Diener, E., Fujita, F. & Pavot, W. (1993). Extraversion and neuroticism as predictors of objective life events: A longitudinal analysis. *Journal of Personality and Social Psychology*, 65, 1046–1053.

Mann, Th. (1960). *Gesammelte Werke in 13 Bänden. Band I: Die Buddenbrooks.* Frankfurt a. M.: Fischer. [orig.: 1901]

Marcus, B. (2003). Persönlichkeitstests in der Personalauswahl: Sind »soziale erwünschte« Antworten wirklich nicht wünschenswert? *Zeitschrift für Psychologie*, 211 (3), 138–148.

Marcus, B. (2004). Von sozialer Erwünschtheit als Problem, als Phänomen und als Chance der Eignungsdiagnostik. *Zeitschrift für Personalpsychologie*, 3 (3), 122–127.

Marcus, B. (2012). *Personalpsychologie*. Wiesbaden: VS Verlag für Sozialwissenschaften.

Margraf, J. & Schneider, S. (Hrsg.) (2018). *Lehrbuch der Verhaltenstherapie. Band 1: Grundlagen, Diagnostik, Verfahren und Rahmenbedingungen psychologischer Therapie*. 4. Auflage. Berlin [u. a.]: Springer.

Marks, S. (1999). *Es ist zu laut! Ein Sachbuch über Lärm und Stille*. Frankfurt a. M.: Fischer.

Maschewsky-Schneider, U., Sonntag, U. & Klesse, R. (1999). Das Frauenbild in der Prävention – Psychologisierung der weiblichen Gesundheit. In E. Brähler & H. Felder (Hrsg.), *Weiblichkeit, Männlichkeit und Gesundheit* (S. 9–120). Wiesbaden: Westdeutscher Verlag.

Mayr, J. (2014). Der Persönlichkeitsansatz in der Forschung zum Lehrerberuf. In E. Terhart, H. Bennewitz & M. Rothland (Hrsg.), *Handbuch der Forschung zum Lehrerberuf* (2. Aufl., S. 189–215). Münster: Waxmann.

Mayr, J. (2016). Lehrerpersönlichkeit. In M. Rothland (Hrsg.), *Beruf Lehrer/Lehrerin* (S. 102–127). Münster: Waxmann.

Meichenbaum, D. (1991). *Intervention bei Stress: Anwendung und Wirkung des Stressimpfungstrainings*. Bern: Huber.

Melanchthon, P. (2015). *De miseriis paedagogorum/Über die Leiden der Lehrer: Lateinisch/Deutsch*. Hrsg. von C. Ritter. Stuttgart: Reclam. [orig.: 1533]

Merton, R. K. (1995). The Thomas Theorem and the Matthew Effect. *Social Forces*, 74(2), 379–424.

Meyer-Abich, K. M. (2010). *Was es bedeutet, gesund zu sein. Philosophie der Medizin*. München: Hanser.

Meschkutat, B., Stackelbeck, M. & Langenhoff, G. (2002). *Der Mobbing-Repor – Repräsentativstudie für die Bundesrepublik Deutschland*. Dortmund: Wirtschaftsverlag.

Miller, S.M. (1990). To see or not to see: Cognitive informational styles in the coping process. In M. Rosenbaum (Ed.), *Learnt resourcefulness* (pp.95–126). New York: Springer.

Mischel, W. (1977). The interaction of person and situation. In D. Magnusson & N.S. Endler (Eds.), *Personality at the crossroads: Current issues in interactional psychology* (pp.333–352). Hillsdale: Erlbaum.

Mischel, W. & Shoda, Y. (1995). A cognitive-affective system theory of personality: Reconceptualizing situations, dispositions, dynamics, and invariance in personality structure. *Psychological Review*, 102, 246–268.

Monat, A., & Lazarus, R. S. (1991). *Stress and coping: An anthology* (3rd ed.). New York, NY: Columbia University Press.

Müller, H. (1991). Ein Grund zum Schreiben ist die Schadenfreude. Gespräch mit Rolf Rüth und Petra Schmitz über Legendenbildung und den Unsinn, den Exegeten zuweilen anrichten. In H. Müller, *Gesammelte Irrtümer, Interviews und Gespräche* (S. 107–129). Frankfurt a. M.: Verlag der Autoren.

Myrtek, M. (1998). *Gesunde Kranke – kranke Gesunde.* Bern: Huber.

Nabi, H., Kivima, M., Batty, G.D., Shipley, M.J., Britton, A., Brunner, E.J., Vahtera, J., Lemogne, C., Elbaz, A. & Singh-Manoux, A. (2013). Increased risk of coronary heart disease among individuals reporting adverse impact of stress on their health: the Whitehall II prospective cohort study. *European Heart Journal*, 34, 2697–2705.

Neuber, B. (1999). *Sprechwissenschaft und Sprecherziehung in der Lehrerausbildung der ehemaligen DDR – Versuch einer kritischen Betrachtung mit dem Ziel neuer konzeptueller Lösungsansätze unter besonderer Berücksichtigung der Arbeit in den neuen Bundesländern.* Frankfurt a. M.: Lang.

Neugebauer, M. (2014). Sind Lehrerinnen für die »Bildungskrise« der Jungen verantwortlich? In B. Spinath, (Hrsg.), *Empirische Bildungsforschung. Aktuelle Themen der Bildungspraxis und Bildungsforschung* (S. 39–49). Heidelberg: Springer.

Neugebauer, A. (2018). *Mach, was Du kannst. Warum wir unseren Begabungen folgen sollten – und nicht nur unseren Interessen.* München. DVA.

Neyer, F. J. & Asendorpf, J. B. (2018). *Psychologie der Persönlichkeit.* 6. Auflage. Berlin: Springer.

Nieskens, B. & Nieskens, F. (Hrsg.) (2017). *Persönliche Krisen im Lehrerberuf: erkennen, überwinden, vorbeugen.* Berlin: Cornelsen.

Nietzsche, F. (1988). *Nachgelassene Fragmente 1882–1884. Kritische Studienausgabe, Bd. 10,* hrsg. v. G. Colli & M. Montinari. München: dtv.

Nietzsche, F. (1990). *Die fröhliche Wissenschaft.* Leipzig: Reclam. [orig.: 1882]

Novotny, R. (2018). I love Bologna. *DIE ZEIT*, 21, 67.

Nusseck M., Echternach, M., Spahn, C. & Richter, B. (2013). Die Lehrerstimme. *Engagement – Zeitschrift für Erziehung und Schule*, 2,128–132.

Nusseck, M., Richter, B., Echternach, M. & Spahn, C. (2017). Psychologische Effekte eines präventiven Stimmtrainings im Lehramtsreferendariat. *HNO*, 65, 599–609.

OECD (2005). Attracting, developing and retaining effective teachers. Final report. *Teachers matter.* Paris: OECD.

Ohmann, O. (2010). *Heinz Rühmann und »Die Feuerzangenbowle«. Die Geschichte eines Filmklassikers.* Leipzig: Lehmstedt.

Olweus, D. (1978). *Aggression in the schools: Bullying and whipping boys.* Washington, D.C.: Hemisphere Publishing Corporation.

Oser, F. (2001). Standards: Kompetenzen von Lehrpersonen. In F. Oser & J. Oelkers (Hrsg.), *Die Wirkung der Lehrerbildungssysteme. Von der Allrounderbildung zur Ausbildung professioneller Standards* (S. 215–342). Chur: Rüegger.

Pakarinen, E., Kiuru, N., Lerkkanen, M.-K., Poikkeus, A.-M., Siekkinen, M., & Nurmi, J.-E. (2010). Classroom organization and teacher stress predict learning motivation in kindergarten children. *European Journal of Psychology of Education*, 25, 281–300.

Paulus, P. (Hrsg.) (2010). *Bildungsförderung durch Gesundheit. Bestandsaufnahme und Perspektiven für eine gute gesunde Schule.* Weinheim: Juventa.

Pieter, A. & Wolf, G. (2013). Effekte betrieblicher Interventionen zur Stressreduktion auf das Wohlbefinden. Ein metanalytischer Review. *Prävention und Gesundheit*, 9, 144–150.

Pollatos, O. & Fischer, D. (2018). Interozeption. In C.-W. Kohlmann, C. Salewski & M. A. Wirtz (Hrsg.), *Psychologie in der Gesundheitsförderung* (S. 113–124). Bern: Huber.

Posse, N. & Brägger, G. (2008). Wege zur guten, gesunden Schule – Argumente und Handlungskonzepte einer integrierten Gesundheits- und Qualitätsförderung. In G. Brägger, N. Posse & G. Israel (Red.), *Bildung und Gesundheit. Argumente für eine gute und gesunde Schule* (S. 19–54). Bern: hep.

Powell, L.H., Shaker, L.A., Jones, B.A., Vaccarino, C.V., Thoresen, C.E. & Pattillo, J.R. (1993). Psycho-social predictors of mortality in 83 women with premature acute myocordial infarction. *Psychosomatic medicine*, 55, 426–433.

Puchalla, D. (2017). Wenn die Stimme versag ... In B. Nieskens & F. Nieskens (Hrsg.), *Persönliche Krisen im Lehrerberuf: erkennen, überwinden, vorbeugen* (S. 49–64). Berlin: Cornelsen.

Ragland, D. R. & Brand, R. J. (1988). Type A behavior and mortality from coronary heart disease. *New England Journal of Medicine*, 318, 65–69.

Ramm M., Multrus, F., Bargel, T. & Schmidt, M. (2014). *Studiensituation und studentische Orientierungen. 12. Studierendensurvey an Universitäten und Fachhochschulen.* Berlin: Bundesministerium für Bildung und Forschung.

Rattay, P., Butschalowsky, H., Rommel, A., Prütz, F., Jordan, S., Nowossadeck, S., Domanska, O. & Kamtsiuris, P. (2013). Inanspruchnahme der ambulanten und stationären medizinischen Versorgung in Deutschland. Ergebnisse der Studie zur Gesundheit Erwachsener in Deutschland (DEGS1).

Bundesgesundheitsblatt – Gesundheitsforschung – Gesundheitsschutz (5/6), 832–844.

Rauin, U. & Maier, U. (2007). Subjektive Einschätzungen des Kompetenzerwerbs in der Lehramtsausbildung. In M. Lüders & J. Wissinger, (Hrsg.), *Forschung zur Lehrerbildung. Kompetenzentwicklung und Programmevaluation* (S. 103–131). Münster: Waxmann.

Renneberg, B., Erken, J. & Kaluza, G. (2009). Stress. In J. Bengel & M. Jerusalem (Hrsg.), *Handbuch der Gesundheitspsychologie und der medizinischen Psychologie* (S. 139–146). Göttingen [u. a.]: Hogrefe.

RKI (Robert-Koch-Institut) (Hrsg.) (2015). *Gesundheit in Deutschland*. Berlin: RKI. Zugriff am 06.03.2019 unter: https://www.rki.de/DE/Content/Gesundheitsmonitoring/Gesundheitsberichterstattung/GesInDtld/gesundheit_in_deutschland_2015.html.

Roberts, B. W. & DelVecchio, W. F. (2000). The rank-order consistency of personality traits from childhood to old age: A quantitative review of longitudinal studies. *Psychological Bulletin*, 126(1), 3–25.

Römer, J., Appel, J., Rauin, U. & Drews, F. (2012). Burnout-Risiko von Lehramts- und Jurastudierenden der Anfangssemester. *Prävention und Gesundheitsförderung*, 7, 203–208.

Rogerson, J. & Dodd, B. (2005). Is there an effect of dysphonic teachers' voices on children's processing of spoken language? *Journal of Voice*, 19, 47–60.

Rohmer. S. (2015). *Stress. Die Geschichte eines westlichen Konzeptes*. Dissertation. Universität Heidelberg.

Rolff, H.-G. (2016). *Schulentwicklung kompakt: Modelle, Instrumente, Perspektiven*. 3., vollständig überarbeitete Auflage. Weinheim: Beltz.

Roloff Henoch, J., Klusmann, U., Lüdtke, O. & Trautwein, U. (2015). Die Entwicklung beruflicher Selbstregulation: Ein Vergleich zwischen angehenden Lehrkräften und anderen Studierenden. *Zeitschrift für Pädagogische Psychologie*, 29 (3–4), 151–162.

Rothland, M. (2009). Das Dilemma des Lehrerberufs sind ... die Lehrer? Anmerkungen zur persönlichkeitspsychologisch dominierten Lehrerbelastungsforschung. *Zeitschrift für Erziehungswissenschaft*, 12 (1), 111–125.

Rothland, M. (2013). Beruf: Lehrer/Lehrerin – Arbeitsplatz: Schule. Charakteristika der Arbeitstätigkeit und Bedingungen der Berufssituation. In M. Rothland (Hrsg.), *Belastung und Beanspruchung im Lehrerberuf. Modelle, Befunde, Interventionen* (2. Aufl., S. 21–42). Wiesbaden: VS Verlag für Sozialwissenschaften.

Rothland, M. (2014). Wer entscheidet sich für den Lehrerberuf? Herkunfts-, Persönlichkeits- und Leistungsmerkmale von Lehramtsstudierenden. In E. Terhart, H. Bennewitz & M. Rothland (Hrsg.), *Handbuch der Forschung zum Lehrerberuf. 2., überarbeitete und erweiterte Auflage* (S. 319–348). Münster: Waxmann.

Rothland, M. & Biederbeck, I. (Hrsg.) (2018). *Praxisphasen in der Lehrerbildung im Fokus der Bildungsforschung (Beiträge zur Lehrerbildung und Bildungsforschung, Band 4)*. Münster u. a.: Waxmann.

Rothland, M. & Schaper, N. (Hrsg.) (2018). *Forschung zum Praxissemester in der Lehrerbildung (Themenheft der Lehrerbildung auf dem Prüfstand, 11. Jg., H. 1)*. Landau: Verlag für empirische Pädagogik.

Rothland, M. & Pflanzl, B. (Hrsg.) (2016). *Quereinsteiger, Seiteneinsteiger, berufserfahrene Lehrpersonen. Auswahl, Qualifizierung und Bewährung im Beruf* (Themenheft der Lehrerbildung auf dem Prüfstand, 9. Jg., H. 1). Landau: Verlag für Empirische Pädagogik.

Roy, N., Merrill, R. M., Thibeault, S., Gray, S. D. & Smith, E. M. (2004). Voice disorders in teachers and the general population: effects on work performance, attendance, and future career choices. *Journal of Speech, Language and Hearing Research*, 47, 542–551.

Ruble, D. N., Greulich, F., Pomerantz, E. M. & Gochberg, B. (1993). The role of gender-related processes in the development of sex differences in self-evaluation and depression. *Journal of Affective Disorders*, 2–3, 97–128.

Rudert, J. (1965). Vom Ausdruck der Sprechstimme. In R. Kirchhoff (Hrsg.), *Handbuch der Psychologie, Band 5: Ausdruckspsychologie* (S. 422–466). Göttingen: Hogrefe.

Rust, T., Diessner, R. & Reade, L. (2009). Strengths only or strengths and relative weaknesses? A preliminary study. *The Journal of Psychology*, 143, 465–476.

Rutter, M., Maughan, B., Mortimore, P. & Ouston, J. (1980). *Fünfzehntausend Stunden: Schulen und ihre Wirkung auf die Kinder*. Weinheim: Beltz.

Ryle, G. (1997). *Der Begriff des Geistes*. Stuttgart: Reclam. [orig.: 1949]

Sapolsky, R. (1998). *Warum Zebras keine Migräne kriegen. Wie Stress den Menschen krank macht*. München: Piper.

Sapolsky, R. (2017). *Gewalt und Mitgefühl. Die Biologie des menschlichen Verhaltens*. München: Hanser.

Schaarschmidt, U. (2004). Fit für den Lehrerberuf? Psychische Gesundheit von Lehramtsstudierenden und Referendaren. In U. Beckmann, H. Brandt & H. Wagner (Hrsg.), *Ein neues Bild vom Lehrerberuf. Pädagogische Professionalität nach Pisa* (S. 100–114). Weinheim: Beltz.

Schaarschmidt, U. (Hrsg.) (2005). *Halbtagsjobber? Psychische Gesundheit im Lehrerberuf – Analyse eines veränderungsbedürftigen Zustands.* Weinheim: Beltz.

Schaarschmidt, U. & Fischer, A.W. (2001). *Bewältigungsmuster im Beruf. Persönlichkeitsunterschiede in der Auseinandersetzung mit der Arbeitsbelastung.* Göttingen: Vandenhoeck & Ruprecht.

Schaarschmidt, U. & Fischer, A. W. (2008a). *Arbeitsbezogenes Verhaltens- und Erlebensmuster. Manual.* 3., überarbeitete. u. erweiterte Auflage. London: Pearson. [orig.: 1996]

Schaarschmidt, U. & Fischer, A. W. (2008b). *BESL: Beschwerdenliste.* Wampersdorf: COPING.

Schaarschmidt, U. & Fischer, A. W. (2016). *Lehrergesundheit fördern – Schulen stärken. Ein Unterstützungsprogramm für Kollegium und Leitung.* Weinheim: Beltz.

Schaarschmidt, U. & Kieschke, U. (2004). Differentielle Psychologie im Arbeits- und Berufsbereich. In K. Pawlik (Hrsg.), *Theorien und Anwendungen der Differentiellen Psychologie* (Enzyklopädie der Psychologie, Themenbereich C, Serie VIII, Band 5, S. 741–774). Göttingen: Hogrefe.

Schaarschmidt, U. & Kieschke, U. (Hrsg.) (2007). *Gerüstet für den Schulalltag. Psychologische Unterstützungsangebote für Lehrerinnen und Lehrer.* Weinheim: Beltz.

Schaarschmidt, U. & Kieschke, U. (2013). Beanspruchungsmuster im Lehrerberuf. Ergebnisse und Schlussfolgerungen aus der Potsdamer Lehrerstudie. In M. Rothland (Hrsg.), *Belastung und Beanspruchung im Lehrerberuf. Modelle – Befunde – Interventionen. Ein Lehrbuch.* 2., überarbeitete und erweiterte Auflage (S. 81–98). Wiesbaden: VS Verlag für Sozialwissenschaften.

Schaarschmidt, U., Kieschke, U. & Fischer, A. W. (2012). *ABC-L: Arbeits-Bewertungs-Check für Lehrkräfte. Revidierte und ergänzte Fassung.* Wampersdorf: COPING.

Schaarschmidt, U., Kieschke, U. & Fischer A.W. (2017). *Lehrereignung. Voraussetzungen erkennen, Kompetenzen fördern, Bedingungen gestalten.* Stuttgart: Kohlhammer.

Schaller, J. & Schemmel, H. (2013). *Ressourcen. Ein Hand- und Lesebuch zur psychotherapeutischen Arbeit.* 2., vollständig überarbeitete Auflage. Tübingen: dgvt-Verlag.

Schielin-Jakobi, D. (2008). *Beschreibung schulischer Belastungsmomente aus Sicht der Lehrerinnen und Lehrer mit besonderer Berücksichtigung der Anstrengungsvermeidung als Verarbeitungsstrategie.* Dissertationsschrift. Wien: Universität Wien.

Schmidt, A. (1992). *Werke I: Romane, Erzählungen, Gedichte, Juvenilia.* Vier Bände. Hrsg. von der Arno-Schmidt-Stiftung. Zürich: Haffmans.

Schmitz, U., Rothermund, K. & Brandtstädter, J. (1999). Persönlichkeit und Lebensereignisse: Prädiktive Beziehungen. *Zeitschrift für Entwicklungspsychologie und Pädagogische Psychologie,* 31 (4), 147–156.

Schnädelbach, H. (1999). *Hegel.* Hamburg: Junius.

Schönwälder, H.-G., Berndt, J., Ströver, F. & Tiesler, G. (2004). *Lärm in Bildungsstätten – Ursachen und Minderung.* Dortmund: Bundesanstalt für Arbeitsschutz und Arbeitsmedizin.

Schopenhauer, A. (1991). *Gesammelte Werke. Sechs Bände.* Hrsg. v. L. Lütkehaus. Zürich: Haffmanns.

Schramme, T. (2012) (Hrsg.). *Krankheitstheorien.* Frankfurt a. M.: Suhrkamp.

Schröder, H. (2009). Healthismus und Wellness. In J. Bengel & M. Jerusalem (Hrsg.), *Handbuch der Gesundheitspsychologie und Medizinischen Psychologie* (S. 484–494). Göttingen: Hogrefe.

Schröder, K. (1997). *Self-Regulation Competence in Coping with Chronic Disease.* Münster: Waxmann.

Schröder, M. (2006). *Burnout unvermeidlich? Ein Kompendium zur Lehrerbelastungsforschung unter Berücksichtigung des Persönlichkeitsaspekts und eine empirische Untersuchung zur Passungsproblematik im Lehrerberuf.* Potsdam: Universitätsverlag Potsdam.

Schubarth, W., Speck, K., Ulbricht, J. & Cording, L. (2016). *Qualitätsstandards für Praktika. Bestandsaufnahme und Empfehlungen. Fachgutachten für die HRK.* Bonn. Zugriff am 06.03.2019 unter: www.hrk-nexus.de/material/publikationen/detailansicht/meldung/fachgutachten-qualitaetsstandards-fuer-praktika-bestandsaufnahme-und-empfehlungen-4041/

Schuler, H. (2014). *Psychologische Personalauswahl. Eignungsdiagnostik für Personalentscheidungen und Berufsberatung.* 4., vollständig überarbeitete und erweiterte Auflage. Göttingen: Hogrefe.

Schuler, H. & Kanning, U. P. (Hrsg.) (2014). *Lehrbuch der Personalpsychologie.* 3., überarbeitete und erweiterte Auflage. Göttingen: Hogrefe.

Schult, J., Münzer-Schrobildgen, M. & Sparfeldt, J. R. (2014). Belastet, aber hochzufrieden? *Zeitschrift für Gesundheitspsychologie,* 22, 61–67.

Schulz, P. Schlotz, W., Wolf, J. & Wüst, S. (2002). Geschlechtsunterschiede bei stressbezogenen Variablen. Der Einfluss der Neigung zur Besorgnis. *Zeitschrift für Differentielle und Diagnostische Psychologie,* 23 (3), 305–326.

Schuster, B. (2007). Mobbing. In H. Schuler & K. Sonntag (Hrsg.), *Handbuch der Arbeits- und Organisationspsychologie* (S. 149–154). Göttingen: Hogrefe.

Seidel, T. (2014). Lehrerhandeln im Unterricht. In E. Terhart, H. Bennewitz & M. Rothland (Hrsg.), *Handbuch der Forschung zum Lehrerberuf* (2. Aufl., S. 781–806). Münster: Waxmann.

Seidel, E.-M., Kogler, L., Moser, E., Windischberger, C., Kryspin-Exner, I., Gur, R.C., Habel, U. & Derntl, B. (2013). Weiblicher vs. männlicher Stresstyp? Ein aktueller Überblick zur neuropsychologischen Stressforschung. *Zeitschrift für Psychiatrie, Psychologie und Psychotherapie*, 61, 71–79.

Siegrist, J. (1991). Contributions of sociology to the prediction of heart disease and their implications for public health. *European Journal of Public Health*, 1, 10–21.

Siegrist, J. (1996). *Soziale Krisen und Gesundheit. Eine Theorie der Gesundheitsförderung am Beispiel von Herz-Kreislauf-Risiken im Erwerbsleben*. Göttingen: Hogrefe.

Sieland, B. (1999). Lehrer gestresst wie Fluglotsen. *Forschung & Lehre*, 11, 594.

Sieland, B. & Heyse, H. (2010a). *Verhalten ändern – im Team geht's besser! Die KESS-Methode – Handbuch für Lehrgangsleiter mit Arbeitsbuch für Kursteilnehmer und Selbstlerner*. Göttingen: Vandenhoeck und Ruprecht.

Sieland, B. Heyse, H. (2010b). *Verhalten ändern – im Team geht's besser Die KESS-Methode – Arbeitsbuch für Kursteilnehmer und Selbstlerner*. Göttingen: Vandenhoeck und Ruprecht.

Sieverding, M. (2000). Risikoverhalten und präventives Verhalten im Geschlechtervergleich: Ein Überblick. *Zeitschrift für Medizinische Psychologie*, 9 (1), 7–16.

Skrabanek, P. & McCormick, J. (1993). *Torheiten und Trugschlüsse in der Medizin*. Mainz: Kirchheim.

Skupio, V. & Hammann, C. (2000). Stimm- und Sprecherziehung an deutschen Universitäten – Eine Untersuchung der dgs. *Die Sprachheilarbeit*, 45, 26–28.

Sontag, S. (1991). *Illness as Metaphor & AIDS and Its Metaphors* (Penguin Modern Classics). London: Penguin.

Sosnowsky-Waschek, N. (2013). Burnout – Kritische Diskussion eines vielseitigen Phänomens. In M. Rothland (Hrsg.), *Belastung und Beanspruchung im Lehrerberuf. Modelle, Befunde, Interventionen* (2. Aufl., S. 117–136). Wiesbaden: VS Verlag für Sozialwissenschaften.

Spaderna, H. & Sieverding, M. (2018). Geschlecht und Geschlechterrollen. In C.-W. Kohlmann, C. Salewski & M. A. Wirtz (Hrsg.), *Psychologie in der Gesundheitsförderung* (S. 199–212). Bern: Huber.

Specht, J. (Ed.) (2017). *Personality development across the lifespan*. San Diego: Elsevier.

Specht, J. (2018). *Charakterfrage: Wer wir sind und wie wir uns verändern.* Reinbek: Rowohlt.

Spranger, E. (1958). *Der geborene Erzieher.* Heidelberg: Quelle & Meyer.

Statistisches Bundesamt (2018). *Zahl der Pensionierungen von Lehrkräften 2017 erneut rückläufig.* Pressemitteilung vom 20.12.18 – Nr.509. Wiesbaden: Statistisches Bundesamt. Zugriff am 06.02.19 unter https://www.destatis.de/DE/PresseService/Presse/Pressemitteilungen/2018/12/PD18_509_742.html

Stengel, M. (1997). *Psychologie der Arbeit.* Weinheim: PVU.

Suls, J., David, J. P. & Harvey, J. H. (1996). Personality and coping: Three generations of research. *Journal of Personality,* 64(4), 711–735.

Taylor, S. E. & Brown, J. D. (1988). Illusion and well-being: A social psychological perspective on mental health. *Psychological Bulletin,* 103, 193–210.

Techniker Krankenkasse (Hrsg.). (2007). *Gesund studieren. Befragungsergebnisse des Gesundheitssurvey und Auswertungen zu Arzneimittelverordnungen. Veröffentlichungen zum Betrieblichen Gesundheitsmanagement der TK, Band 16.* Hamburg: TK. Zugriff am 14.05.2018 unter http://www.tk.de/centaurus/servlet/contentblob/48822/Datei/629/Broschuere-Gesund-studieren.pdf

Techniker Krankenkasse, F.A.Z.-Insitut (2009). *Stress. Aktuelle Bevölkerungsbefragung: Ausmaß, Ursachen und Auswirkungen von Stress in Deutschland.* Frankfurt a. M.

Teichert J., Ratajczak, B. & Ofianka, R. (Hrsg.) (2018). *Erfolgreich leiten: Neues Handwerkszeug für die Schulleitung.* Weinheim: Beltz.

Terenz (1990). Die Brüder (Adelphoe). In Plautus/Terenz, *Die römische Komödie, in der Übersetzung von W. Binder & J. J. C. Donner herausgegeben und mit einer Einleitung und Erläuterungen versehen von Walther Ludwig* (S. 703–752). München: dtv.

Terhart, E. (Hrsg.) (2014). *Die Hattie-Studie in der Diskussion: Probleme sichtbar machen.* Seelze: Kallmeyer.

Tucholsky, K. (1985). *Gesammelte Werke in 10 Bänden.* Herausgegeben von M. Gerold-Tucholsky & F. Raddatz. Reinbek: Rowohlt.

Turner, R. J. & Wheaton, B. (1995). Checklist measurement of stressful life events. In S. Cohen, R. C. Kessler & L. U. Gordon (Eds.), *Measuring stress* (pp. 29–58). New York: Oxford University Press.

Vaitl, D. (1995). Interozeption: Ein neues interdisziplinäres Forschungsfeld. *Psychologische Rundschau,* 46, 171–185.

Valéry, P. (1992). *Werke. Sieben Bände.* Hrsg. v. J. Schmidt-Radefeldt. Frankfurt a. M.; Leipzig: Insel.

van Heck, G.L. (1997). Personality and physical health: Toward an ecological approach to health-related personality research. *European Journal of Personality*, 11, 415–443.

van Houtte, E., Claeys, S., Wuyts, F. & van Lierde, K. M. (2012). Voice disorders in teachers: Occupational risk factors and psycho-emotional factors. *Logopedics Phoniatrics Vocology*, 37(3), 1–10.

Vandenberghe, R. & Huberman, A. M. (Eds.) (1999). *Understanding and preventing teacher burnout. A sourcebook of international research and practice.* Cambridge: University Press.

Vernaleken, A. (2004). *Zur Passung zwischen beruflichen Orientierungen von Lehrkräften und Schulprofil. Ihre Bedeutung für Arbeitserleben und Schulklima.* Dissertationsschrift. Braunschweig: TU Braunschweig.

Vetter, B. & Schmid, S. (Hrsg.) (2014). *Dispositionen. Texte aus der zeitgenössischen Debatte.* Frankfurt a. M.: Suhrkamp.

von Braun, C. & Stephan, I. (Hrsg.) (2000). *Gender-Studien: Eine Einführung.* Stuttgart: Metzler.

Voltmer, E., Bochmann, A. & Kieschke, U. (2007). Studienbezogenes Erleben und Verhalten, Selbstaufmerksamkeit und soziale Unterstützung zu Beginn des Medizinstudiums. *Zeitschrift für medizinische Psychologie*, 16, 127–134.

Vonessen, F. (1974). »Gesund, Gesundheit«. In J. Ritter (Hrsg.), *Historisches Wörterbuch der Philosophie* (Sp.559–561). Basel: Schwabe & Co.

Vos, T. et al. (2015). Global, regional, and national incidence, prevalence, and years lived with disability for 301 acute and chronic diseases and injuries in 188 countries, 1990-2013: a systematic analysis for the Global Burden of Disease Study 2013. *Lancet*, 386 (9995), 743–800.

Wachs, S., Hess, M., Scheithauer, H. & Schubarth, W. (2016). *Mobbing an Schulen. Erkennen – Handeln – Vorbeugen.* Stuttgart: Kohlhammer.

Wagner-Link, A. (2010). *Verhaltenstraining zur Stressbewältigung. Arbeitsbuch für Therapeuten und Trainer.* Stuttgart: Klett-Cotta.

Waller, N.G. & Meehl, P. E. (1998). *Multivariate taxometric procedures. Distinguishing types from continua.* Thousand Oaks: Sage.

Watt, H. M. G. & Richardson, P. W. (2008). Motivations, perceptions, and aspirations concerning teaching as a career for different types of beginning teachers. *Learning and Instruction*, 18, 408–428.

Weber, H. (1997). Zur Nützlichkeit des Bewältigungskonzepts. In C. Tesch-Römer, C. Salewski & G. Schwarz (Hrsg.), *Psychologie der Bewältigung* (S. 7–17). Weinheim: PVU.

Wesselborg, B. (2015). *Lehrergesundheit. Eine empirische Studie zu Anforderungen und Ressourcen im Lehrerberuf aus verschiedenen Perspektiven.* Baltmannsweiler: Schneider Hohengehren.
Whelton, P. K. et al. (2017). Guideline for the Prevention, Detection, Evaluation, and Management of High Blood Pressure in Adults. A Report of the American College of Cardiology/American Heart Association Task Force on Clinical Practice Guidelines. Hypertension. https://doi.org/10.1161/HYP.0000000000000065
WHO (1946). *Constitution.* Genf: WHO.
WHO (2002). *Gender analysis in health. A review of selected tools.* WHO Publications: Switzerland.
Wiesmann, U., Timm, A. & Hannich, H.-J. (2003). Multiples Gesundheitsverhalten und Vulnerabilität im Geschlechtervergleich. Eine explorative Studie. *Zeitschrift für Gesundheitspsychologie,* 11, 153–162.
Willmann, U. (2016). *Stress – ein Lebensmittel.* München: Pattloch.
Wissinger, J. (2014). Schulleitung und Schulleitungshandeln. In E. Terhart, H. Bennewitz & M. Rothland (Hrsg.), *Handbuch der Forschung zum Lehrerberuf* (2. Aufl., S. 144–176). Münster: Waxmann.
Wrzus, C. & Roberts, B.W. (2017). Processes of personality development in adulthood: The TESSERA framework. *Personality and Social Psychology Review,* 21, 253–277.